FUNDAMENTOS DE PROGRAMACIÓN

con **VISUAL C#**

Manuel Torres Remon

Fundamentos de programación con Visual C#

© Manuel Torres Remon

Derechos reservados © Empresa Editora Macro EIRL, Lima – Perú
Primera edición: Empresa Editora Macro EIRL, Lima – Perú, marzo de 2025

Primera edición: MARCOMBO, S.L. 2026

© 2026 MARCOMBO, S.L. www.marcombo.com
Gran Via de les Corts Catalanes 594, 08007 Barcelona
Contacto: info@marcombo.com

ISBN: 978-84-267-4072-4
D.L.: B 18267-2025

Impreso en Servicepoint
Printed in Spain

Libro ecológico
Impreso con papel procedente de bosques gestionados de manera eficiente, libre de cloro.

Manuel Torres Remon

Manuel Torres Remón es licenciado en Educación en la especialidad de Computación e Informática. Es ingeniero de sistemas. Cuenta con veinte años de experiencia en consultoría y docencia en las áreas relacionadas con la tecnología, lo que le ha permitido impartir clases en las instituciones más importantes de la ciudad de Lima, Perú.

Su formación académica y tecnológica se inició en el instituto Manuel Arévalo Cáceres y la complementó estudiando Ingeniería de Sistemas en la Universidad Privada del Norte, donde obtuvo su grado de licenciado por la Universidad Alas Peruanas.

Actualmente es docente de tecnología en instituciones educativas como la Escuela Superior de Tecnología del SENATI, el IEST Manuel Arévalo Cáceres y Cibertec. En ellas imparte cursos de tecnología, especialmente sobre programación, bases de datos y análisis de sistemas.

Si tiene cualquier duda o consulta sobre algo de lo contenido de este libro, escriba por favor al correo: manuel.torresr@hotmail.com.

ÍNDICE

CAPÍTULO 3: LAS VARIABLES Y LOS OPERADORES

CAPÍTULO 4: ESTRUCTURAS DE DECISIÓN

CAPÍTULO 7: PROGRAMACIÓN ORIENTADA A OBJETOS

Presentación

Este libro, *Fundamentos de programación con Visual C#*, le permitirá crear aplicaciones de plataforma usando como herramienta Visual Studio 2022.

Para ello hemos dividido el libro en siete capítulos, cuyo contenido es el que sigue:

En el primer capítulo hacemos una breve introducción sobre los algoritmos y la manera correcta de interpretarlos y procesarlos, para implementarlos posteriormente en Visual C#.

El capítulo dos es una introducción a Visual Studio 2022. También se ofrecen algunas indicaciones sobre su instalación y cuáles son los primeros pasos que dar en este nuevo entorno.

El capítulo tres trata de los operadores y variables, cómo se integran, con casos resueltos.

En el capítulo cuatro se analiza detalladamente el uso de las estructuras de decisión: simple, doble, doblemente enlazada y múltiple, con casos resueltos también. Esto le permitirá al usuario determinar cuál de los formatos se adecúa más a cada solución.

En el capítulo cinco se hace referencia al uso de las estructuras repetitivas, como for, while y do while, como un medio importante para desarrollar aplicaciones. Además, se indica dónde y en qué momento se deben implementar, principalmente, para lograr una solución adecuada.

En el capítulo seis se implementan aplicaciones usando la programación modular. Un mismo ejercicio es resuelto usando en cada caso un método diferente: sin valor de retorno sin parámetro, sin valor de retorno con parámetro, con valor de retorno sin parámetro y con valor de retorno con parámetro.

Finalmente, en el capítulo siete aprenderemos sobre programación orientada a objetos, y cómo utilizar clases y objetos para modelar y resolver los procesos de negocio de una aplicación."

CAPÍTULO 1
Algoritmos

1.1 Introducción

En la actualidad, la mayoría de los dispositivos que nos rodean han sido programados usando algún lenguaje, ya sea una marca conocida que usa su propio lenguaje o lenguajes de uso universal, como Android. Es preciso conocer programación y estos lenguajes para poder, en algún momento, controlarlos según cómo nosotros necesitemos que funcionen.

Por otro lado, los ordenadores en la actualidad están dejando de ser solo para personas expertas y han pasado a formar parte de un grupo de dispositivos frecuentes en el hogar, como si fuera un electrodoméstico inteligente. Por este motivo es importante conocer, al menos en sus fundamentos, algunos lenguajes de programación. Para ello debemos aprender la sintaxis, pensar siempre en soluciones y, especialmente, desarrollar la lógica.

Tener conocimientos de programación permite hallar soluciones a cualquier problema que se le presente en su trabajo o en su quehacer diario, ya que la informática se enfoca en resolver las situaciones reales del día a día. Primero debemos analizar el problema y buscar posibles soluciones, para luego volcarlo en código.

Con este libro conseguirá comprender los conceptos básicos de programación y cómo debemos hacer uso del lenguaje C#, mediante las sentencias secuenciales, selectivas y repetitivas, los arreglos, las funciones, los procedimientos y la orientación a objetos.

1.2 Algoritmo

Un algoritmo es un conjunto de métodos o técnicas que permiten resolver un problema concreto. Nos referimos a algo excepcional que se pueda plantear, como por ejemplo mejorar un proceso o modificarlo. De modo que, mediante una serie de pasos ordenados, bien definidos y finitos, se describe el proceso que se sigue para dar una solución adecuada.

El término *algoritmo* viene del árabe *alkhowarismi*. En esa lengua hace referencia al reconocido matemático, astrónomo y geógrafo Al-Khwarizmi, considerado el padre del algoritmo, junto al matemático griego Euclides (este último fue quien inventó un método para determinar el máximo común divisor de dos números).

Los algoritmos tienen como objetivo solucionar problemas. Un problema es una cuestión que se plantea para hallar un dato desconocido a partir de información conocida. Aquí es donde debemos analizar el concepto, pues somos los encargados de realizar ambas cosas; es decir, debemos ser capaces de determinar con qué datos contamos para encontrar el nuevo valor, que normalmente llamamos resultado.

Para dar solución a un determinado problema, debemos enfocarnos en el diseño correcto de un algoritmo y, a partir de ahí, comenzaremos a diseñar un programa.

Un problema debe ser claro y expresar lo que realmente se quiere como objetivo, ya que de otra manera no podremos diseñar el algoritmo y, por consecuencia, no podremos implementarlo en un programa. Este último se realiza usando el lenguaje de programación C#.

Veamos un caso completo que refleje el enfoque de solución al problema. Usaremos Visual C# 2022 como entorno de trabajo.

- **Problema:**

  Un empleado quiere saber cuánto le deben pagar en su empresa por las horas que trabaja durante un mes. Sabe que el coste por hora es de S/15 y que le aplican un descuento del 12 % al importe.

- **Algoritmo:**

```
Inicio
 Leer empleado, horas_trabajadas
 coste_hora=15
 importe ← horas_trabajadas x coste_hora
 descuento ← importe x 12%
 neto ← importe - descuento
 Escribir importe, descuento, neto
 Fin
```

- Programa:

```
using System.Threading;

internal class Program
{
    private static void Main(string[] args)
    {
        Console.WriteLine(" ** IMPORTE MENSUAL DE EMPLEADOS ** ");
        Console.WriteLine(" ");

        double _hora=15, importe, descuento, neto;
        int horas_trabajadas;
        String empleado;

        Console.Write("Ingrese nombre del empleado: ");
        empleado = Console.ReadLine();

        Console.Write("Ingrese la cantidad horas trabajadas: ");
        horas_trabajadas = int.Parse(Console.ReadLine());

        importe = horas_trabajadas*costo_hora;
        descuento = importe * 0.12;
        neto = importe - descuento;

        Console.WriteLine("------------ RESUMEN DE PAGOS --------------------");
        Console.WriteLine("EMPLEADO: " + empleado);
        Console.WriteLine("COSTE HORA S/: " + costo_hora.ToString("0.00"));
        Console.WriteLine("HORAS TRABAJADAS: " + horas_trabajadas);
        Console.WriteLine("-------------------------------------------------");
        Console.WriteLine("IMPORTE: S/" + importe.ToString("0.00"));
        Console.WriteLine("DESCUENTO : S/ " + descuento.ToString("0.00"));
        Console.WriteLine("NETO: S/" + neto.ToString("0.00"));

        Console.ReadKey();
    }
}
```

- Resultado:

```
** IMPORTE MENSUAL DE EMPLEADOS **

Ingrese nombre del empleado: KARLA GALLEGOS SILVA
Ingrese la cantidad de horas trabajadas: 160
------------ RESUMEN DE PAGOS --------------------
EMPLEADO: KARLA GALLEGOS SILVA
COSTO HORA S/: 15.00
HORAS TRABAJADAS: 160
-------------------------------------------------
IMPORTE: S/2400.00
DESCUENTO : S/ 288.00
NETO: S/2112.00
```

A. En el problema

Aquí debemos determinar qué valor se requiere como resultado. En este caso se trata de hallar el importe, el descuento y el neto que pagar. Para hallar el importe se necesitan ciertos valores, como el coste por hora y la cantidad de horas trabajadas por el empleado. Por lo tanto, podríamos resumir diciendo que, antes de diseñar el algoritmo, debemos identificar esos valores. Esto lo realizaremos mediante las siguientes preguntas:

a. ¿Cuál es el resultado esperado del problema?

La respuesta a esta pregunta serán los valores resultantes del problema. También son considerados como valores de salida.

b. ¿Qué datos necesito para obtener el resultado?

La respuesta que le dé a esta pregunta permitirá determinar los valores necesarios para dar solución al problema. También son considerados como valores de entrada.

E/S	VALORES	DESCRIPCIÓN
Entrada	Empleado	Es el nombre del empleado al cual se le está calculando el pago.
	Horas trabajadas	Es el número de horas de trabajo mensual del empleado.
Salida	Importe	Es el monto que se debe calcular a partir del coste por hora y las horas trabajadas del empleado.
	Descuento	Es el monto de descuento aplicado al importe.
	Neto	Es la monto neto que debe recibir el empleado después de todos los descuentos.

B. En el algoritmo

Un algoritmo se puede representar de dos maneras: la mediante un texto simple llamado pseudocódigo y otro mediante un gráfico llamado diagrama de flujo. Ambas técnicas son iguales, lo que varía es la forma de presentación. Para nuestro caso, usaremos los pseudocódigos, que son muy parecidos a nuestro código C#, el cual es nuestro principal objetivo. Mostramos ambas soluciones.

Pseudocódigo	Diagrama de flujo

`Algoritmo pago_empleados`
    `definir empleado Como Caracter`
    `definir horas_trabajadas Como Entero`
    `definir _hora Como Real`
    `definir importe Como Real`
    `definir descuento Como Real`
    `definir neto Como Real`
 	
    `_hora=15`
 	
    `Leer empleado`
    `Leer horas_trabajadas`
 	
    `importe = horas_trabajadas*_hora`
    `descuento = importe * 0.12`
    `neto = importe - descuento`
 	
    `Escribir importe, descuento, neto`
`FinAlgoritmo`
	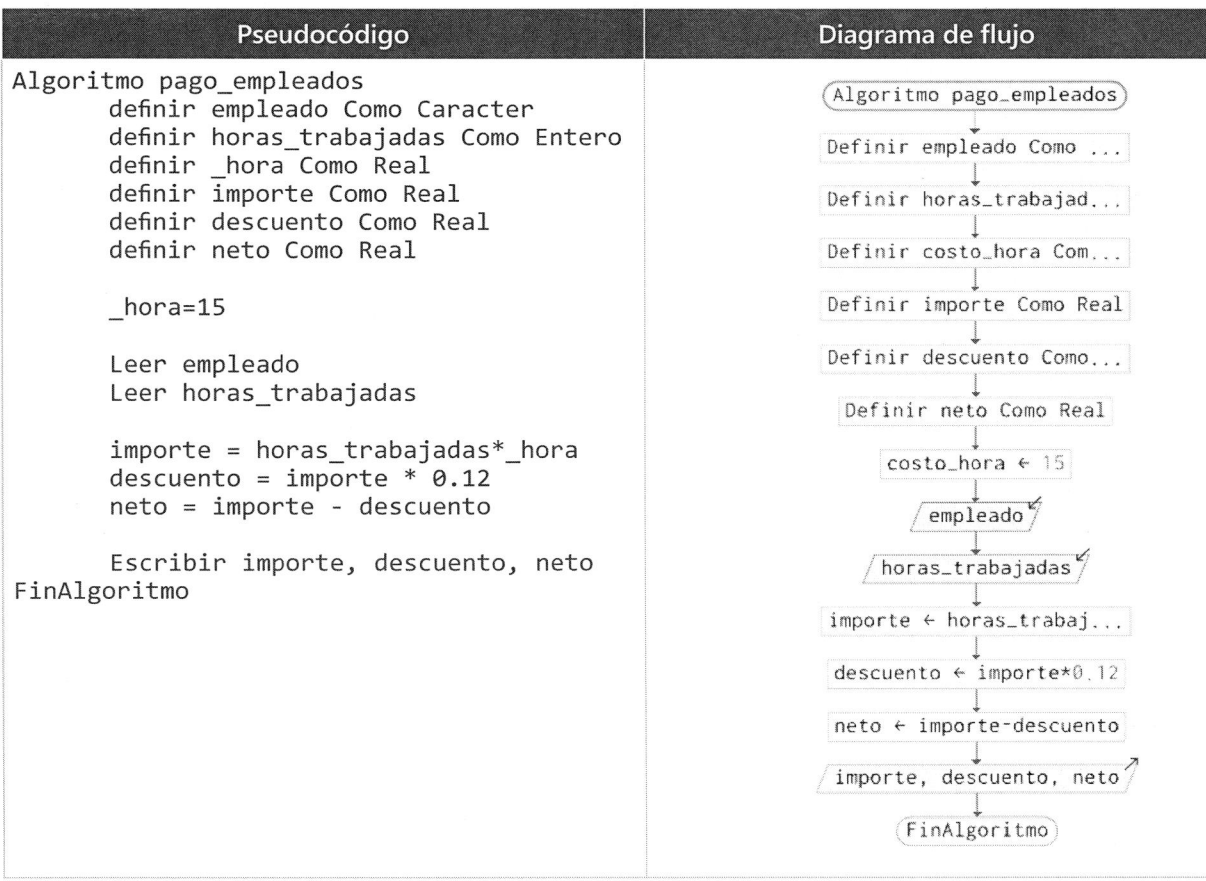

Los pseudocódigos se caracterizan por la simplicidad al presentar los valores de entrada como de salida. Pero, como indicamos antes, estos valores deben ser detectados correctamente, en caso contrario el pseudocódigo daría fallos. De igual manera con el diagrama de flujo.

Hay algunas palabras dentro del pseudocódigo que podrían ser tomadas como un estándar. Por ejemplo, para representar los valores de entrada se usa la sentencia Leer, mientras que para los valores de salida se usa la sentencia Escribir. Otro aspecto es el trato de las operaciones de cálculo, las cuales se representan de la siguiente manera:

$$\text{Resultado} \leftarrow \text{Expresión}$$

El resultado guardará el valor obtenido en una determinada expresión. Así, por ejemplo:

SENTENCIA	DESCRIPCIÓN
n ← 0	El valor cero es asignado a la variable n.
b ← a	El valor que tenga "a" será asignado a "b".
x ← (a+b)/2	X registra el valor obtenido de la expresión (a+b)/2.

C. En el programa

Los códigos mostrados fueron realizados en una aplicación de consola desde Visual Studio 2022. Para crear una aplicación de consola seguiremos los siguientes pasos:

1. Entre en Visual Studio 2022.

2. Seleccione **Crear un proyecto.** Debe aparecer la siguiente ventana:

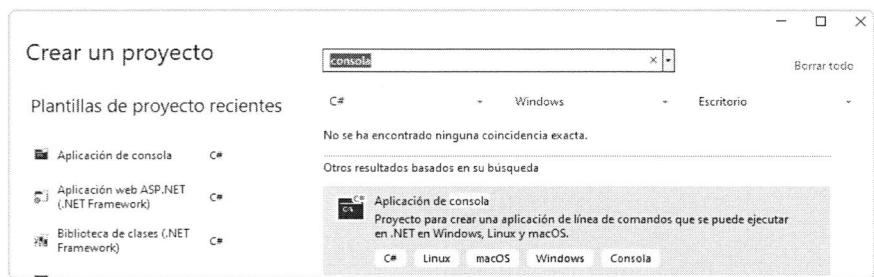

3. Coloque en el recuadro de búsqueda la palabra **Consola** y seleccione **Aplicación de consola.** Pulse el botón **Siguiente.**

4. Luego, asigne los siguientes valores.

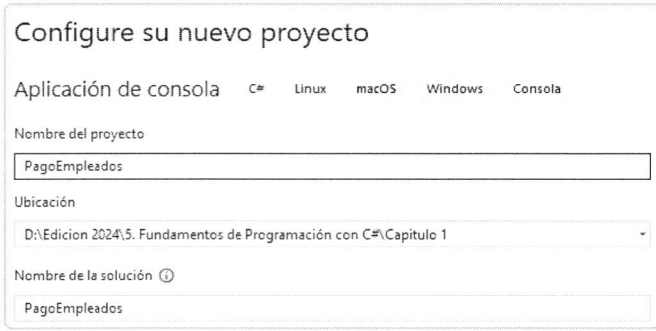

5. Pulse el botón **Siguiente,** que nos muestra la siguiente ventana:

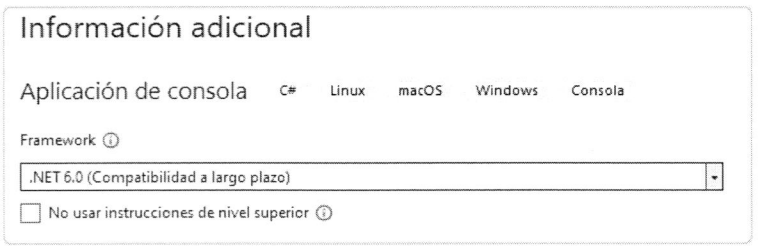

6. Asegúese de que la aplicación de consola esté en lenguaje C#. Finalmente, pulse el botón **Crear.** Inicialmente se muestra de la siguiente manera.

```
Program.cs
PagoEmpleados
    1    // See https://aka.ms/new-console-template for more information
    2    Console.WriteLine("Hello, World!");
    3
```

7. Se debe modificar el código a un tipo **Main.** Para esto debe pulsar en la línea 3 y seleccionar **Convertir en programa de estilo 'Program.Main'.**

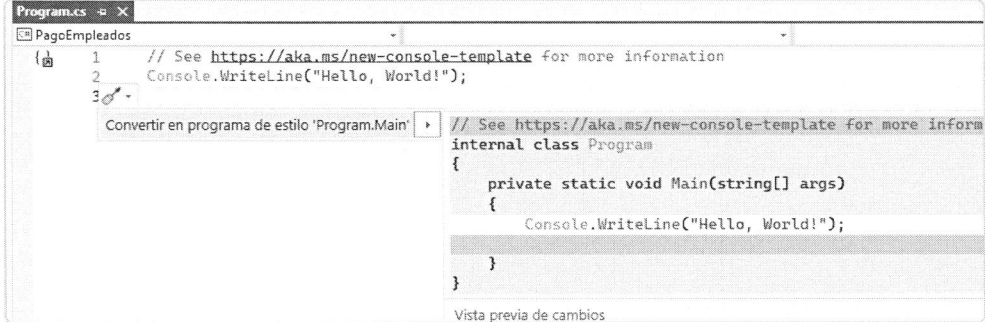

8. Elimine la línea 5 y escriba el siguiente código:

```
Program.cs
PagoEmpleados                                    Program
    1    internal class Program
    2    {
    3        private static void Main(string[] args)
    4        {
    5            Console.WriteLine(" ** IMPORTE MENSUAL DE EMPLEADOS ** ");
    6            Console.WriteLine(" ");
    7
    8            double costo_hora = 15, importe, descuento, neto;
    9            int horas_trabajadas;
   10            String empleado;
   11
   12            Console.Write("Ingrese nombre del empleado: ");
   13            empleado = Console.ReadLine();
   14
   15            Console.Write("Ingrese la cantidad horas trabajadas: ");
   16            horas_trabajadas = int.Parse(Console.ReadLine());
   17
   18            importe = horas_trabajadas * costo_hora;
   19            descuento = importe * 0.12;
   20            neto = importe - descuento;
   21
   22            Console.WriteLine("------------ RESUMEN DE PAGOS ------------------");
   23            Console.WriteLine("EMPLEADO: " + empleado);
   24            Console.WriteLine("COSTO HORA S/: " + costo_hora.ToString("0.00"));
   25            Console.WriteLine("HORAS TRABAJADAS: " + horas_trabajadas);
   26            Console.WriteLine("------------------------------------------------");
   27            Console.WriteLine("IMPORTE: S/" + importe.ToString("0.00"));
   28            Console.WriteLine("DESCUENTO : S/ " + descuento.ToString("0.00"));
   29            Console.WriteLine("NETO: S/" + neto.ToString("0.00"));
   30            Console.ReadKey();
   31        }
   32    }
```

9. Finalmente, ejecute el programa pulsando **F5** y agregue los valores de entrada.

1.3 Características de los algoritmos

Un algoritmo debe cumplir con lo siguiente:

a. Debe tener un inicio y un fin. Esto permitirá determinar los límites de la aplicación.

b. Tiene que ser preciso. Esto quiere decir que al probar los resultados siempre debe dar los esperados por el usuario.

c. Ha de tener un orden para realizar sus pasos.

d. Debe ser legible, es decir, lo que se describe debe ser claro, se tiene que entender fácilmente.

e. Ha de tener tres partes: entrada, proceso y salida. La entrada son los valores necesarios para la solución del problema. El proceso, la fórmula de solución. La salida, el resultado de la aplicación.

1.4 Lenguajes de programación

Debemos recordar que nuestro objetivo es implementar una aplicación C# en Visual Studio. Para lograrlo hemos de pasar el diseño del algoritmo por un programa de ordenador, utilizando un lenguaje de programación que permita interpretar los códigos, de tal forma que los usuarios puedan usar y reutilizar la aplicación.

C# es un nuevo lenguaje de programación. Está diseñado para crear un conjunto de aplicaciones que se ejecuten en la plataforma de trabajo .NET Framework, una evolución de los lenguajes C y C++. Además, es sencillo de codificar, moderno y, lo más importante, está orientado a objetos.

El código desarrollado mediante el lenguaje C# se compila como código administrado. Esto quiere decir que todo código usa el *Common Language Runtime*, un conjunto de servicios que incluye interoperabilidad entre aplicaciones. Al respecto debemos entender que dentro del código C# se pueden usar sentencias de Basic, por ejemplo.

¿Por qué elegimos C# como lenguaje para desarrollar aplicaciones? Por los beneficios que aporta, como la capacidad de estar orientado a objetos, lo que nos permite crear todo tipo de aplicaciones. También podríamos mencionar que tiene la capacidad de generar componentes de sistema duraderos, en virtud de las siguientes características:

a. Es muy robusto, gracias a la recolección de elementos no utilizados; es decir, recicla las variables declaradas, pero no usadas, liberando así memoria de la computadora.

b. Interactúa con otros lenguajes de programación, es decir, con plataformas distintas.

c. Presenta interoperabilidad por medio de los servicios de COM y .NET Framework con un acceso limitado a los controles basado estrictamente en bibliotecas. Eso quiere decir que toda aplicación desarrollada en Visual C# deberá contener librerías necesarias para la ejecución de la aplicación.

d. Permite el acceso a datos XML mediante clases basadas en tecnología web. Esto permitirá enviar información entre aplicaciones de otros lenguajes.

1.5 Caso resuelto 1: promedio de notas

Un docente quiere llevar un control de los promedios de notas de un grupo determinado de estudiantes. Para ello necesita una aplicación que, dadas tres notas, permita hallar la media.

- Determinar las entradas y salidas:

DESCRIPCIÓN	TIPO	NOMBRES DE VARIABLES
Nombre del estudiante	Entrada	Estudiante
Tres notas	Entrada	Nota1, Nota2, Nota3
Promedio de notas	Salida	Promedio

- Algoritmo:

```
Inicio
Leer estudiante, nota1, nota2, nota3
promedio ← (nota1+ nota2+ nota3)/3
Escribir promedio
Fin
```

- Programa:

```
internal class Program
{
    private static void Main(string[] args)
    {
        Console.WriteLine(" ** PROMEDIO DE NOTAS ** ");
        Console.WriteLine(" ");

        string estudiante;
        int nota1, nota2, nota3;

        Console.Write("Ingrese nombre del estudiante: ");
        estudiante = Console.ReadLine();
        Console.Write("Ingrese la nota 1: ");
        nota1 = int.Parse(Console.ReadLine());
        Console.Write("Ingrese la nota 2: ");
        nota2 = int.Parse(Console.ReadLine());
        Console.Write("Ingrese la nota 3: ");
        nota3 = int.Parse(Console.ReadLine());
```

```
        double promedio = (nota1 + nota2 + nota3) / 3.0;

        Console.WriteLine("---------------------------");
        Console.WriteLine("EL PROMEDIO: " + promedio.ToString("0.00"));

        Console.ReadKey();
    }
}
```

- Resultado:

```
** PROMEDIO DE NOTAS **

Ingrese nombre del estudiante: Karla Gallegos Silva
Ingrese la nota 1: 17
Ingrese la nota 2: 15
Ingrese la nota 3: 20
---------------------------
EL PROMEDIO: 17.33
```

1.6 Caso resuelto 2: conversión de medidas

Al área de proyectos de una empresa textil los clientes envían medidas de sus telas en metros y la empresa necesita convertirlas a centímetros, pies, pulgadas y yardas. Debe implementar una aplicación que permita hacer esas equivalencias, a partir de la siguiente tabla de conversiones:

1 metro = 100 centímetros

1 pie = 12 pulgadas

1 yarda = 3 pies

1 pulgada = 2,54 centímetros

- Determina las entradas y salidas:

Descripción	Tipo	Nombre de variable
Metros	Entrada	Metros
Centímetros, pulgadas, pies y yardas	Salida	Centímetros, pulgadas, pies y yardas

- **Algoritmo:**

Inicio
 Leer metros
 centímetros ← metros x 100
 pulgadas ← centímetros / 2.54
 pies ← pulgadas /12
 yardas ← pies /3
 Escribir centímetros, pulgadas, pies, yardas
Fin

- **Programa:**

```csharp
internal class Program
{
    private static void Main(string[] args)
    {
        Console.WriteLine(" ** CONVERSIÓN DE MEDIDAS - EMP. TEXTIL ** ");
        Console.WriteLine(" ");

        double metros;

        Console.Write("Ingrese cantidad de metros: ");
        metros = double.Parse(Console.ReadLine());

        double centímetros = metros * 100.0;
        double pulgadas = centímetros / 2.54;
        double pies = pulgadas / 12.0;
        double yardas = pies / 3.0;

        Console.WriteLine("----------------------------------");
        Console.WriteLine("CENTÍMETROS: " + centímetros.ToString("0.00"));
        Console.WriteLine("PULGADAS: " + pulgadas.ToString("0.00"));
        Console.WriteLine("PIES: " + pies.ToString("0.00"));
        Console.WriteLine("YARDAS: " + yardas.ToString("0.00"));

        Console.ReadKey();
    }
}
```

- **Resultado:**

```
** CONVERSIÓN DE MEDIDAS - EMP. TEXTIL **

Ingrese cantidad de metros: 5
----------------------------------
CENTÍMETROS: 500.00
PULGADAS: 196.85
PIES: 16.40
YARDAS: 5.47
```

1.7 Caso resuelto 3: capital de empresa

Tres hermanos deciden crear una empresa en la ciudad de Lima. Para ello acuerdan que cada uno aportará una cantidad de dinero. El total constituirá el capital necesario para la formación de la empresa. Diseñe una aplicación que determine el total del capital formado y el porcentaje de ese capital que pone cada uno de los hermanos.

- Determinar las entradas y salidas:

DESCRIPCIÓN	TIPO	NOMBRE DE LA VARIABLE
Tres montos	Entrada	Monto1, Monto2, Monto3
Porcentajes aportados por los tres hermanos	Salida	pSocio1, pSocio2, pSocio3

- Algoritmo:

Inicio
Leer monto1, monto2, monto3
capital ← monto1+ monto2+ monto3
pSocio1 ← (monto1 x 100) / capital
pSocio2 ← (monto2 x 100) / capital
pSocio3 ← (monto3 x 100) / capital
Escribir capital, pSocio1, pSocio2, pSocio3
Fin

- Programa:

```
internal class Program
{
    private static void Main(string[] args)
    {
        Console.WriteLine(" ** CAPITAL DE LA EMPRESA ** ");
        Console.WriteLine(" ");

        double monto1, monto2, monto3;

        Console.Write("Ingrese cantidad socio 01: $ ");
        cantidad1 = double.Parse(Console.ReadLine());
        Console.Write("Ingrese cantidad socio 02: $ ");
        cantidad2 = double.Parse(Console.ReadLine());
        Console.Write("Ingrese cantidad socio 03: $ ");
        cantidad3 = double.Parse(Console.ReadLine());

        double capital = monto1 + monto2 + monto3;
        double pSocio1 = (monto1 * 100) / capital;
        double pSocio2 = (monto2 * 100) / capital;
        double pSocio3 = (monto3 * 100) / capital;

        Console.WriteLine("-------------------------------------------------");
        Console.WriteLine("CAPITAL: $ " + capital.ToString("0.00"  ));
        Console.WriteLine("PORCENTAJE SOCIO 1: " + pSocio1.ToString("0.00"));
        Console.WriteLine("PORCENTAJE SOCIO 2: " + pSocio2.ToString("0.00"));
```

```
        Console.WriteLine("PORCENTAJE SOCIO 3: " + pSocio3.ToString("0.00"));

        Console.ReadKey();
    }
}
```

- Resultado:

```
** CAPITAL DE LA EMPRESA **

Ingrese monto socio 01: $ 20000
Ingrese monto socio 02: $ 15000
Ingrese monto socio 03: $ 25000
-----------------------------------
CAPITAL: $ 60000.00
PORCENTAJE SOCIO 1: 33.33
PORCENTAJE SOCIO 2: 25.00
PORCENTAJE SOCIO 3: 41.67
```

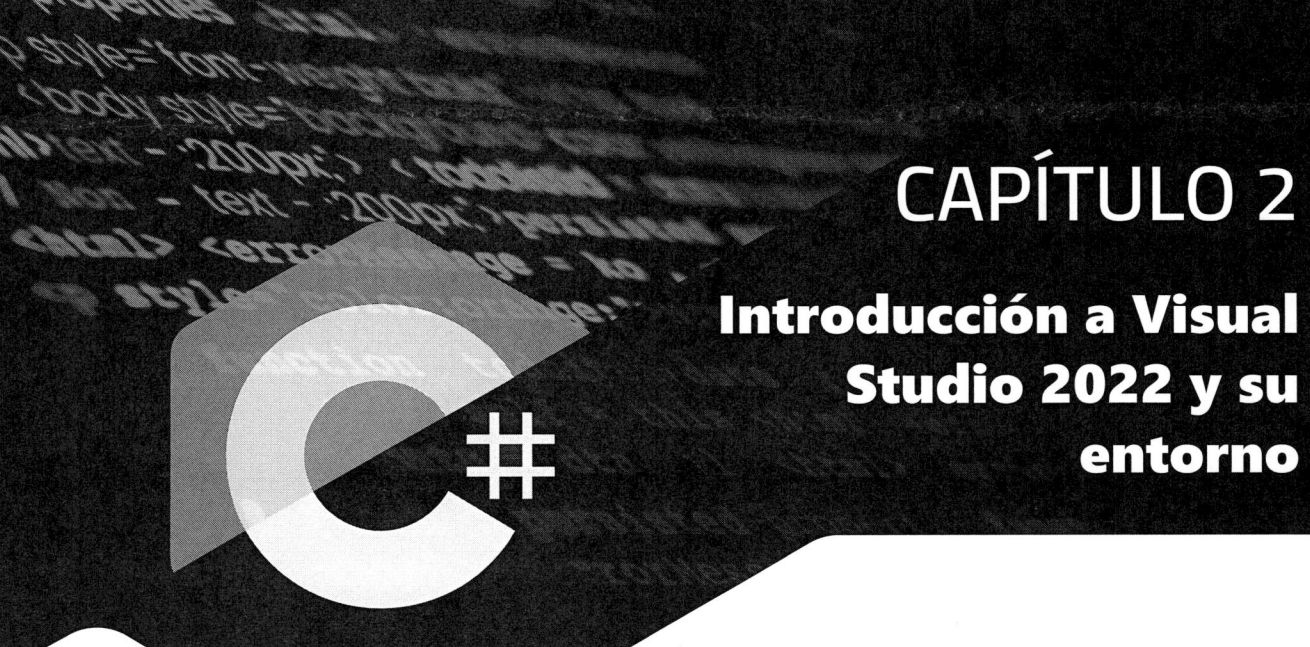

CAPÍTULO 2

Introducción a Visual Studio 2022 y su entorno

2.1 Introducción y novedades

Visual Studio 2022 es un entorno de desarrollo completo e integrado que permite implementar aplicaciones para la plataforma Windows, Android e iOS, así como aplicaciones web, todo de manera profesional.

Visual Studio 2022 es considerado, también, un ambiente de desarrollo integrado (IDE o Integrated Development Environment), esto es, que permite al programador crear aplicaciones de desarrollo en un ambiente totalmente amigable y a la vez profesional.

Los IDE tienen como característica que vienen con un editor de código que permite codificar contando con un autocompletado llamado Intellisense. Intellisense disminuye el número de errores mientras se escribe un determinado código. Esta funcionalidad solo está activa cuando se encuentra en la vista de código de la aplicación. Su principal ayuda al programador es seguir los vínculos que requiere un código.

A. Estructura de 64 bits

Visual Studio 2022 es ahora una aplicación de 64 bits. Por ello, se puede abrir, editar, ejecutar y depurar sin quedarse sin memoria, aunque trabaje con aplicaciones que consuman muchos recursos.

B. Creación de aplicaciones modernas

Visual Studio 2022 facilita el uso de aplicaciones basadas en la nube con Azure. Así mismo, es compatible con .NET 6 y su marco unificado para aplicaciones web, cliente y móviles para desarrolladores de Windows y Mac.

C. Mejores herramientas de desarrollo para C++ y .NET, y recarga activa

Visual Studio 2022 incluye mejores herramientas de desarrollo para aplicaciones multiplataforma y la versión más reciente de las herramientas de compilación de C++.

D. Actualizaciones de Blazor y editores de Razor + recarga activa para ASP.NET

Visual Studio 2022 cuenta con una actualización para el editor Blazor y Razor, y agrega nuevas funcionalidades de recarga en ASP.NET Core, como recarga activa al guardar un archivo o al aplicar cambios a archivos CSS en directo.

E. Compatibilidad con Git

Visual Studio 2022 puede conectarse directamente con repositorios Git. Puede trabajar desde una solución que pueda tener varios proyectos en distintos repositorios y contribuir a ellos desde una única instancia de Visual Studio.

F. Mejoras de IntelliCode

Ahora, la característica IntelliCode puede finalizar automáticamente hasta una línea de código completa a la vez. Otra mejora de Visual Studio 2022 es que IntelliCode puede detectar cuándo se realiza una tarea común y recomendar la acción rápida adecuada, como corresponde a medida que escribe.

G. Estilo y aspecto

Se están haciendo esfuerzos para que Visual Studio 2022 sea más accesible para todos los usuarios: por ejemplo, una iconografía nueva, ajustes sutiles en la relación de contraste de color y una nueva fuente (Cascadia Code).

2.2 Plataforma .Net

Es una tecnología característica de Microsoft que permite realizar la compilación, depuración y ejecución de todo tipo de aplicaciones. Esta plataforma proporciona un entorno de desarrollo orientado a objetos. Así mismo, ofrece un entorno de ejecución coherente, porque permite eliminar problemas de rendimiento entre los diferentes entornos de trabajo que presenta Visual. También debemos mencionar que el diseño de esta plataforma se ha hecho pensando en el programador: le permitirá desarrollar aplicaciones en diferentes espacios basadas en tecnologías de plataforma, web o móviles.

La plataforma .Net cuenta con los componentes CLR (Common Language Runtime) y la biblioteca de clases. El Common Language Runtime es el componente principal de esta plataforma. Es considerado como un agente que administra el código en tiempo de ejecución y proporciona servicios centrales. Entre sus características principales tenemos: administrar la memoria en tiempo de ejecución, administrar subprocesos y controlar la comunicación remota.

La biblioteca de clases es una gran colección de elementos orientados a objetos de tipos totalmente reutilizables. De esta forma podemos desarrollar aplicaciones básicas con interfaz gráfica de usuario (GUI), de línea de comandos o aplicaciones web profesionales con ASP.NET.

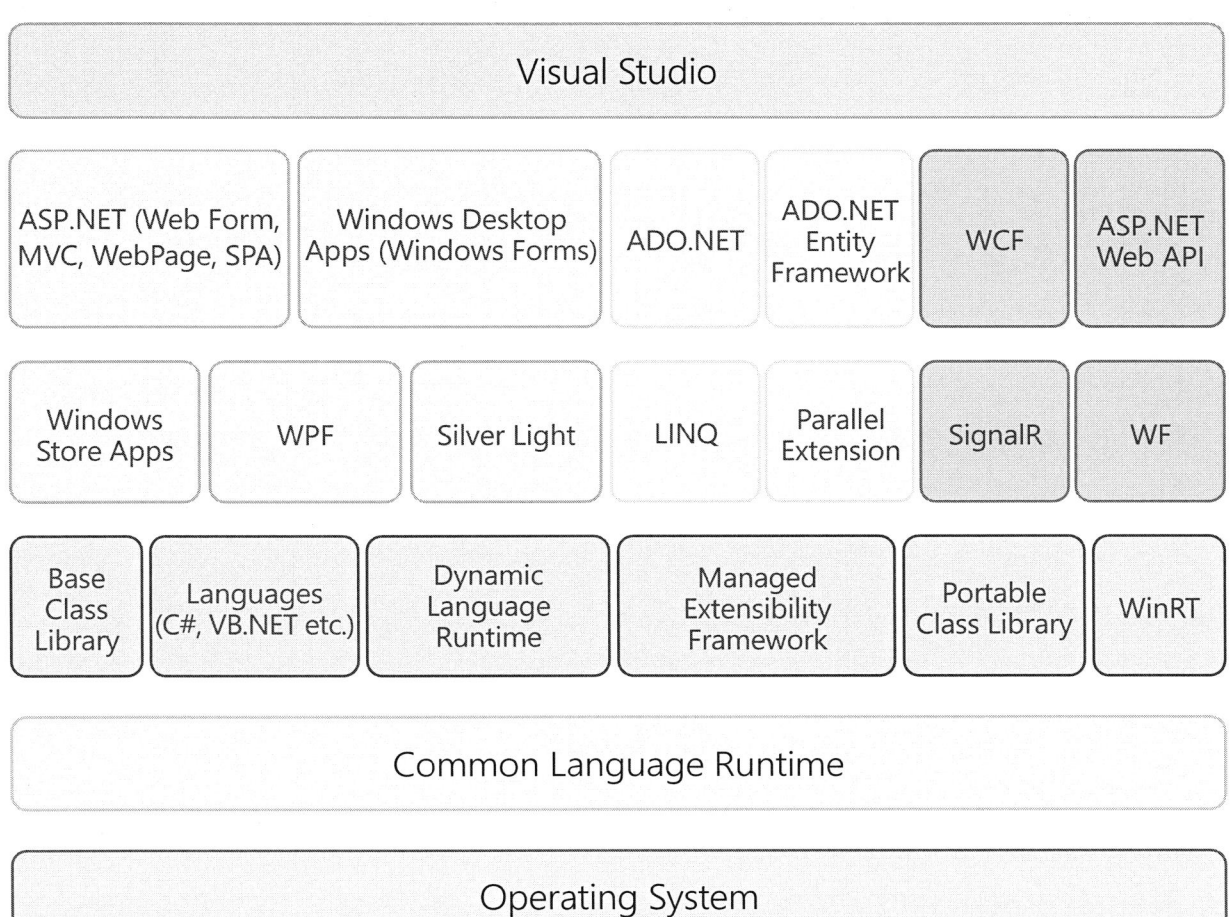

Figura 1. Visual Studio .NET

Fuente: https://www.celestialsys.com/blogs/an-introduction-to-net-framework

A. Windows Presentation Foundation (WPF)

Para la versión Visual Studio 2022, WPF proporciona a los desarrolladores un modelo de programación unificado para crear modernas aplicaciones de escritorio empresariales en Windows.

B. Windows Forms

Representa la unidad básica de una aplicación en Visual C#, ya que usándola podemos desarrollar aplicaciones de plataforma solo con agregar controles y asignar ciertas propiedades. A esto le llamamos GUI o interfaz gráfica de usuario. La GUI permite al usuario interactuar con la misma aplicación. Visual Studio se caracteriza por proporcionar un entorno de desarrollo integrado, también llamado IDE, el cual cuenta con un conjunto completo de controles escritos con .NET Framework.

C. ASP .NET 6

También es conocido como ASP .Net vNext, un framework exclusivamente web de Microsoft. Una de las características principales de la versión 6 es que se pueden ejecutar aplicaciones en diferentes plataformas (Windows, Linux y Mac), además de ser código abierto.

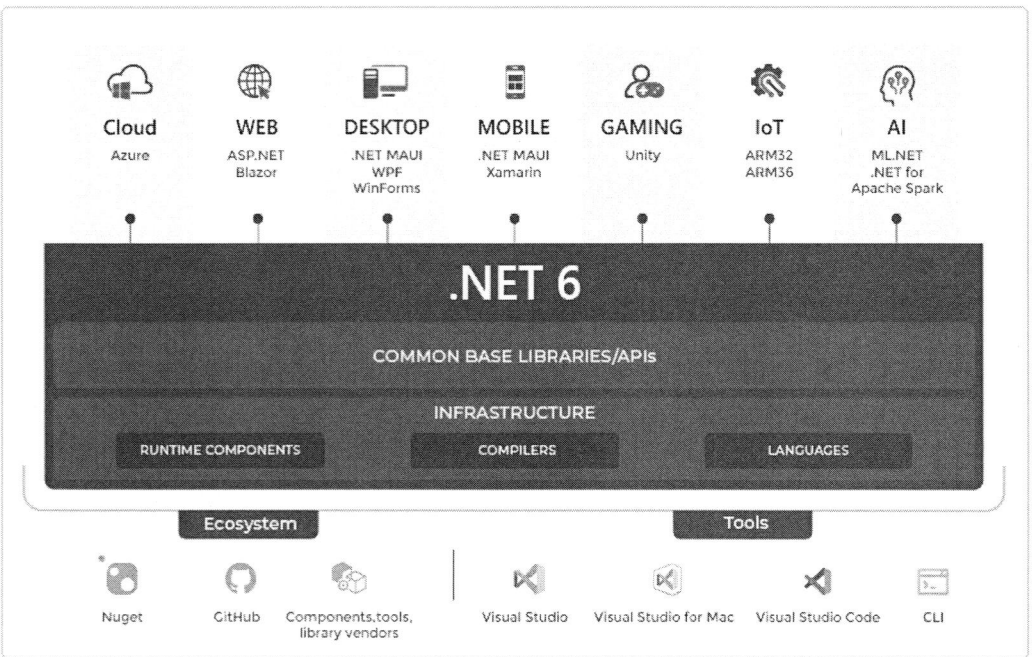

2.3 Principios del Common Language Runtime

Cuando se ejecuta una aplicación en .NET Framework, esta proporciona un entorno que facilita el proceso de desarrollo. Este entorno lo realiza en tiempo de ejecución y es denominado CLR o Common Language Runtime. El CLR se encarga de ejecutar el código y proporcionar los servicios necesarios para este proceso. Entre las principales características que presenta tenemos:

a. Administra de manera coherente la memoria del computador.

b. Dirige la ejecución de subprocesos.

c. Gestiona la compilación y demás servicios que solicite el sistema.

d. Implementa una infraestructura estricta de comprobación de tipos y códigos llamado CTS (Common Type System), lo que garantiza que todo código sea autodescriptivo.

e. La característica más resaltante del CLR es la forma de administrar los objetos, ya que permite hacerlo automáticamente, así como su referencia y liberación cuando los objetos no son utilizados.

f. CLR aplica la interoperabilidad, pues permite al programador usar sus componentes COM o DLL, desarrollados en versiones anteriores.

La compilación JIT ayuda a ejecutar todo el código administrado en lenguaje máquina nativo del sistema en el que se ejecuta la aplicación. Mientras tanto administra la memoria, lo que mejora enormemente su rendimiento.

El runtime se puede alojar dentro de servidores como SQL Server o IIS (Internet Information Services), que tienen las mismas características anteriormente especificadas.

La siguiente imagen muestra la forma de trabajo del entorno en tiempo de ejecución de lenguaje común, más conocido como CLR:

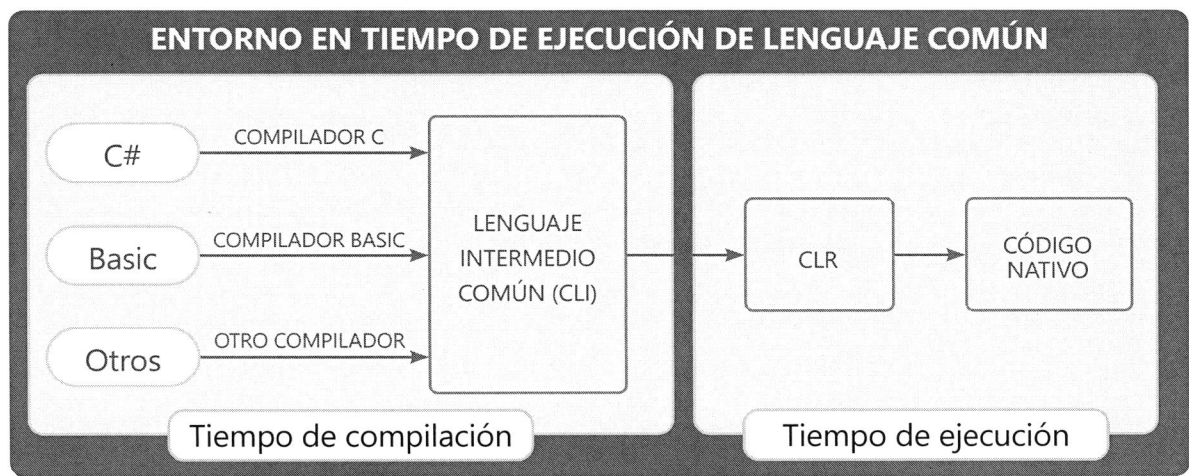

Figura 2. Trabajo del CLR

Cuando el compilador interpreta el código desde un lenguaje de programación genera un código intermedio antes de emitir un código nativo. Debemos tener en cuenta que el nativo es aquel código que puede ser interpretado por el procesador. Se le llama código administrado y es generado por el CLI (Common Intermediate Language) o el MSIL (Microsoft Language Intermediate). Finalmente, entra JIT (Just in time), que se encarga de convertir el código generado por MSIL en código nativo entendible por el sistema operativo. Toda esta actividad se realiza en microsegundos (la velocidad original será determinada por el dispositivo donde se ejecute la aplicación).

2.4 Biblioteca de clases .NET

Es considerada una biblioteca completa de clases, interfaces y tipos de valor que proporciona acceso a la funcionalidad de una aplicación. Podríamos decir que es la base fundamental sobre la que se compila todo tipo de aplicación del .NET Framework, sin importar la plataforma de trabajo. Veamos una lista de los espacios de nombres y categorías contenidas dentro de la biblioteca de clases más usada:

ESPACIO DE NOMBRES	DESCRIPCIÓN
System.Configuration	Representa la información administrada por un archivo de configuración. En nuestro caso lo usaremos al agregar un modelo de datos cliente-servidor a nuestra aplicación.
System.Data	Representa un conjunto de clases que permite tener acceso a la información de diversas fuentes de datos, como podría ser SQL Server mediante la arquitectura ADO .NET.
System.IO	Representa las clases que permiten manipular información referente a archivos. Con ellos podremos leer y grabar información dentro de un archivo de texto, binario o comprimido.
System.Security	Representa las clases que permiten manipular la seguridad de los datos, como una criptografía.
System.Threading	Representa las clases que permiten controlar la ejecución de varios procesos. Estos pueden ser asíncronos o simultáneos.
Microsoft.VisualBasic	Representa las clases que permiten el uso de funcionalidades desde el compilador Visual Basic, por ejemplo, el uso de InputBox del Visual Basic.

2.5 Versiones de la plataforma .NET

En el año 1996 Microsoft contaba con cuatro productos independientes que creaba desarrolladores de diferentes líneas, a pesar de usar un producto del mismo proveedor. Nos referimos a Visual Basic, Visual C++, Visual FoxPro y Visual Sourcesafe. El producto que permitía integrar a todos era el Visual Sourcesafe, pero no resultaba productivo que el programador nativo de una línea integrase a los demás.

En 1997 se decide integrar los productos mencionados anteriormente en uno solo, que fue llamado Visual Studio 97, mostrado al mundo en febrero del mismo año. De ahí en adelante han surgido diferentes versiones que veremos a continuación:

VERSIONES VISUAL	PRODUCTOS AÑADIDOS	FECHA DE LANZAMIENTO
Visual Studio 97	ASP y MSDN	Febrero 1997
Visual Studio 6.0	Visual J++	Junio 1998
Visual Studio .NET	C#, J#, Visual Basic .NET, ASP .NET	Febrero 2002
Visual Studio .NET 2003	Visio 2012 para UML	Abril 2003
Visual Studio .NET 2005	Windows Mobile	Noviembre 2005
Visual Studio 2008	WPF, WCF, SilverLight, LinQ, Expression y Reporting	Noviembre 2007

Visual Studio 2010	F#, Windows Phone 7	Abril 2010
Visual Studio 2012	WinRt, TypeScript y Python	Setiembre 2012
Visual Studio 2013	Azure	Octubre 2013
Visual Studio 2015	Xamarin, Apache Cordova	Julio 2015
Visual Studio 2017	SDK para plataforma universal, repositorio de código abierto de F#, compatibilidad con Javascript y TypeScript, compatibilidad de Sharepoint, Visual Studio Tools para Xamarin, Herramientas .NET Core.	Marzo 2017
Visual Studio 2019	Menú ayuda actualizado, herramientas Git	Abril 2019
Visual Studio 2022	C++ y desarrollo de juegos, mejoras en F#, herramientas Razor, desarrollo de Javascript y TypeScript, GitHub, kit de herramientas de Microsoft Teams y Machine Learning	Noviembre 2022

2.6 Proceso de instalación de Visual Studio 2022

En Visual Studio se puede desarrollar todo tipo de aplicaciones en diferentes plataformas, como mencionamos anteriormente. Existe una versión gratuita del software llamada Visual Studio Community. Esta comunidad promueve el desarrollo de aplicaciones sin fines de lucro por parte del desarrollador.

A. Link de descarga

La URL para descargar Visual Studio 2022 es https://visualstudio.microsoft.com/es/downloads/.

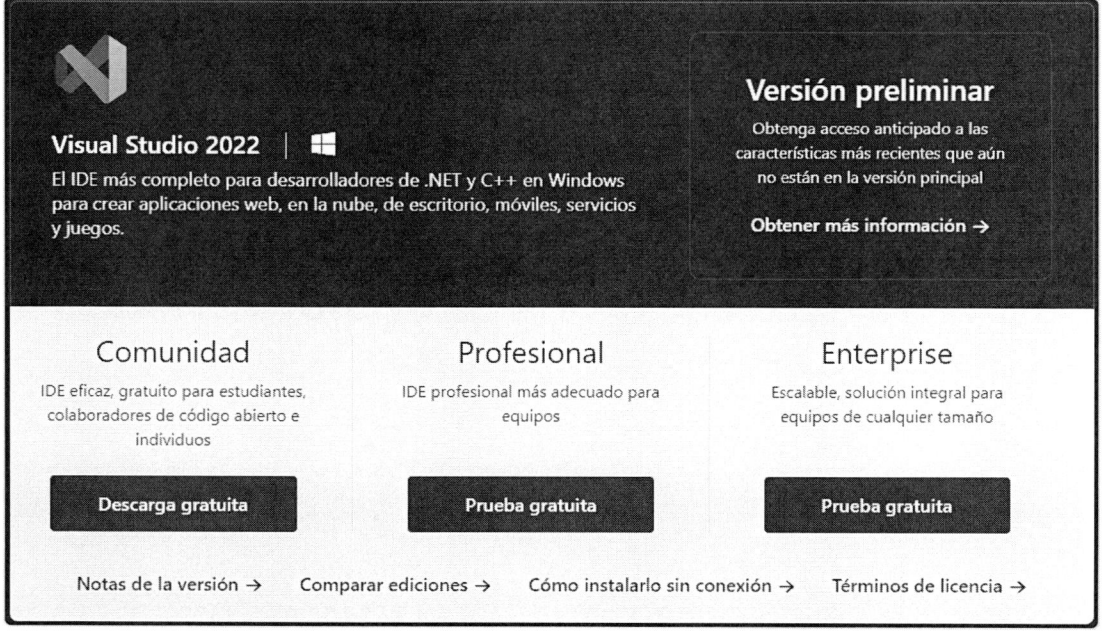

B. Requisitos

Para la instalación de Visual Studio 2022 dividiremos en secciones la línea de requisitos. Tenga en cuenta que estos representan lo mínimo con lo que debemos contar para que la instalación resulte estable:

HARDWARE	Procesador de 1.6 GHz o superior
	1 GB de memoria RAM
	1 GB de espacio disponible en el disco duro
SOFTWARE	Windows 7 Service Pack 1 o superior
	Windows server 2012
OPCIONAL	Windows 10

C. Proceso de instalación

La instalación de Visual Studio 2022 se realiza en línea, por tanto, se debe contar con conexión a internet. El tiempo de instalación estará sujeto a la velocidad de internet. Se puede hacer un test de velocidad en el siguiente enlace https://www.speedtest.net/es.

Para iniciar la instalación de Visual Studio 2022 siga los siguientes pasos:

1. Ejecute el archivo **VisualStudioSetup** para la versión 2022.

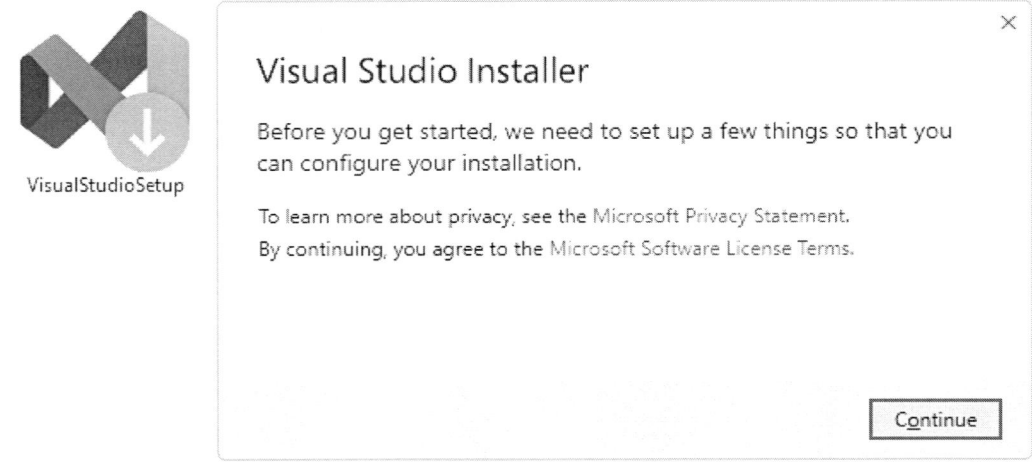

2. Seleccione las cargas de trabajo como **ASP.NET** y **.NET Desktop Development,** que son los elementos mínimos para una instalación básica de Visual Studio 2022.

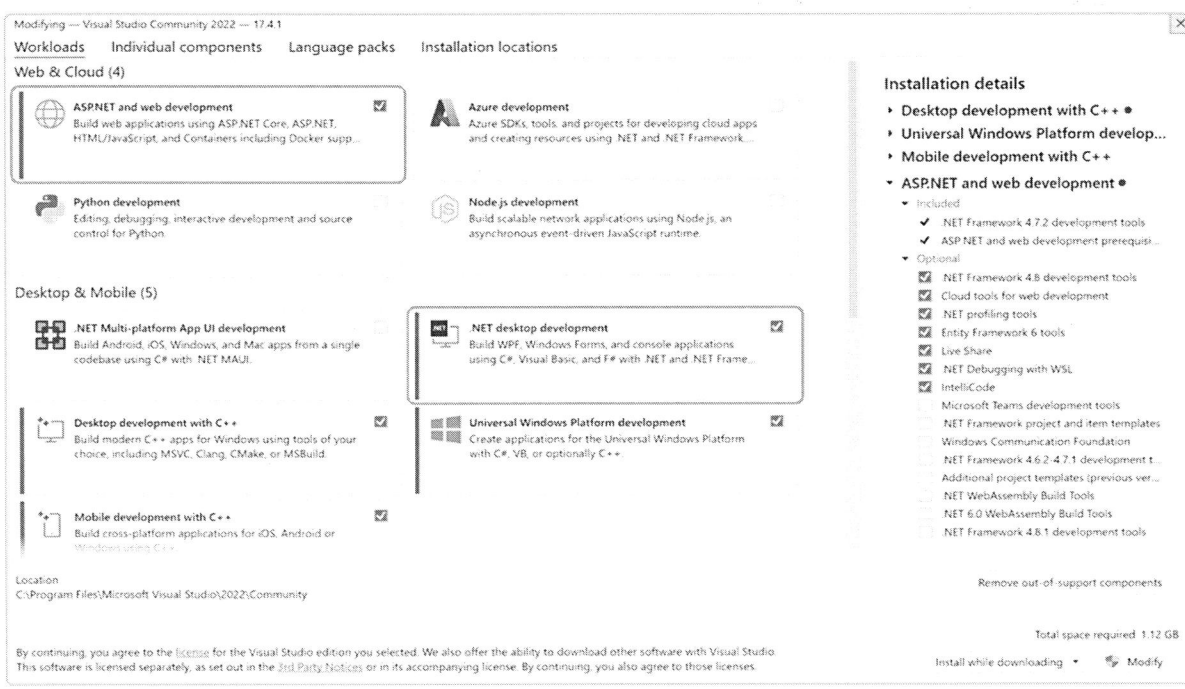

3. Seleccione el entorno y el color del tema. Una vez finalizada la instalación, elija en qué lenguaje de programación se realizarán las aplicaciones. De forma estándar aparece la opción **General,** pero se recomienda elegir su lenguaje de desarrollo. Seguidamente, seleccione el tema de color del entorno (también puede modificarlo una vez dentro de la aplicación).

D. Pantalla inicial

Para iniciar un proyecto desde Visual Studio 2022, elija la opción **Crear un proyecto** en la ventana inicial.

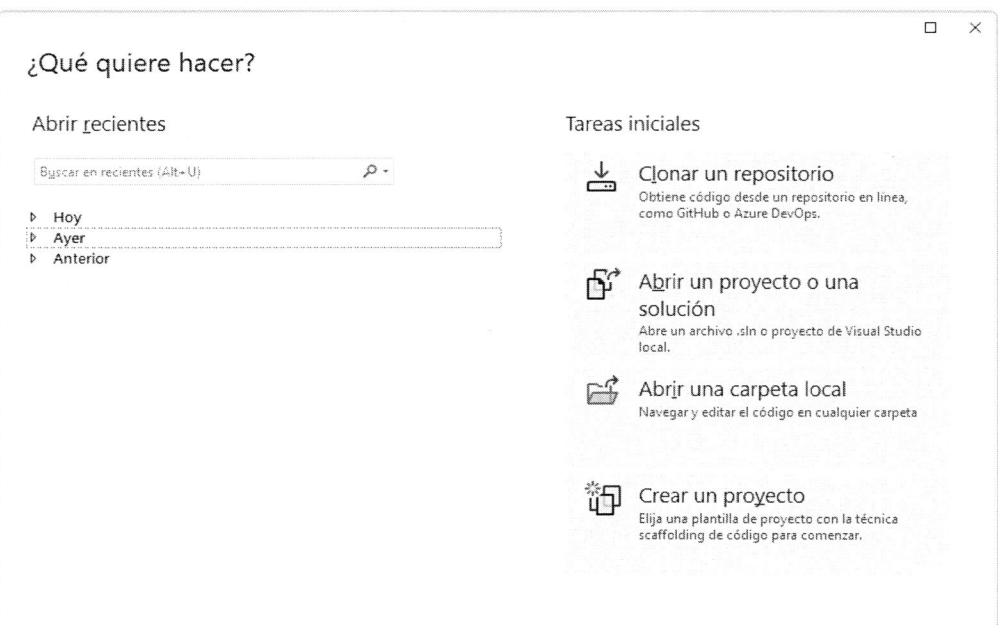

2.7 Aplicaciones Windows Form

Es un marco de interfaz de usuario que permite desarrollar aplicaciones de escritorio para entornos Windows. Esta plataforma admite un conjunto de características para desarrollar aplicaciones, entre las que se incluyen controles visuales, gráficos, conexiones a datos, entradas del usuario, etc. Así mismo, se incluye un diseñador visual que, con solo arrastrarlo, podrá crear diseños para aplicaciones de tipo formulario. Veamos los pasos para crear una aplicación Windows Form desde Visual Studio 2022:

1. Entra en Visual Studio 2022.
2. Selecciona **Crear un proyecto.**
3. Escoge una plantilla de proyecto. Se recomienda seleccionar:

   - Todos los lenguajes > **C#**

   - Todas las plataformas > **Windows**

   - Todos los tipos de proyectos > **Escritorio**

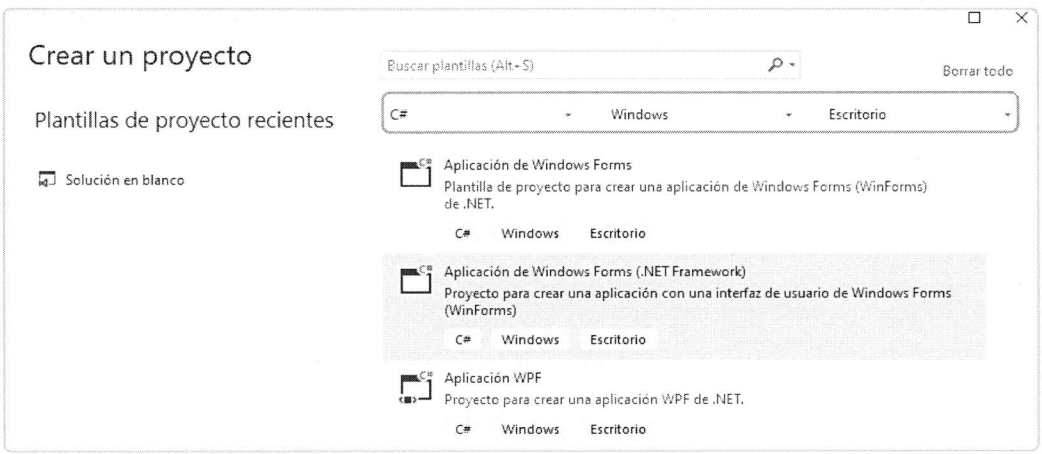

4. Seleccione **Aplicación de Windows Form (.NET Framework).** Asigne el nombre del proyecto y dele una ubicación.

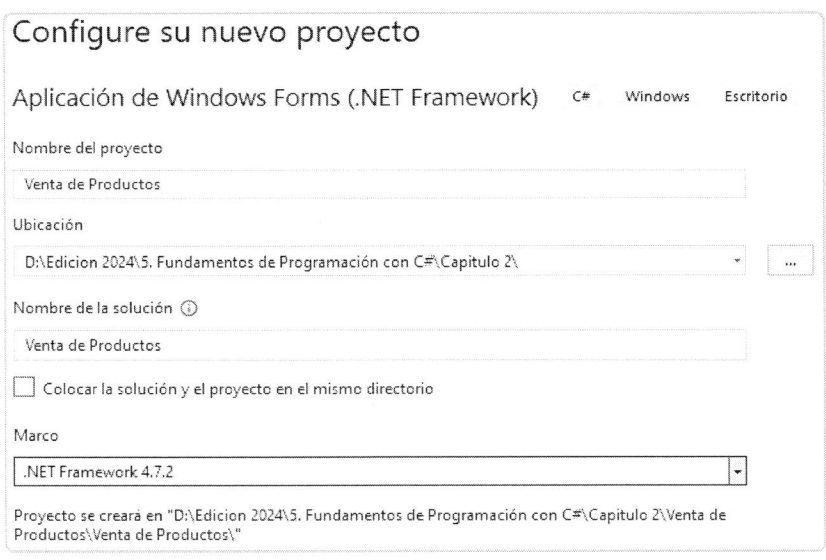

2.8 Barra de herramientas estándar

Para acceder a ella haga clic en **Ver** > **Barra de Herramientas** > **Estándar.**

Descripción de los principales comandos:

ÍCONO	HERRAMIENTA	DESCRIPCIÓN
	Navegar atrás Navegar adelante	Si nos encontramos en el editor de código, el botón de navegador desplazará al cursor por las líneas de código anteriormente seleccionadas. En caso de que nos encontremos en otro entorno, entones el botón de navegador lo desplazará entre esos entornos.
	Nuevo	Presenta dos opciones. Nos permite crear un nuevo proyecto o un nuevo sitio web.
	Abrir	Abre cualquier tipo de archivo que pertenezca a una aplicación desarrollada en Visual Studio.
	Guardar	Guarda el desarrollo del entorno actual.
	Guardar todo	Guarda el desarrollo efectuado en todo el proyecto. Se recomienda seleccionar este botón cuando se quiera guardar todos los componentes del proyecto, sea Windows Forms, códigos, clases, etc.
Iniciar	Iniciar o Ejecutar	Ejecuta una aplicación. Otra forma de ejecutar una aplicación es presionando la tecla **c**.
	Comentario	Asignar y quita un comentario a una línea de código (solo cuando se encuentra en el editor de código).

2.9 Cuadro de herramientas

Es uno de los principales paneles. Debería tenerlo activo en el momento de desarrollar cualquier tipo de aplicación, pues Visual Studio cuenta con herramientas de mucha ayuda para el programador creativo y profesional. Finalmente, hemos de tener en cuenta que el cuadro de herramientas muestra controles según el entorno de desarrollo seleccionado. En nuestro caso trabajaremos con controles para aplicaciones de escritorio.

- Acceso: **Ver** > **Cuadro de herramientas**
- Tecla de acceso: **Alt + Ctrl + X**

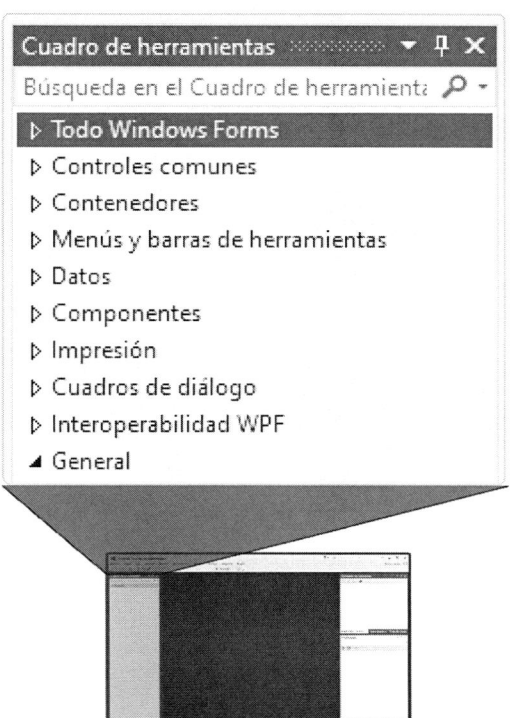

Entre sus principales fichas tenemos:

CATEGORÍA	DESCRIPCIÓN
Todos los Windows Forms	Presenta una lista de controles que tienen que ver con el desarrollo de aplicaciones Windows Forms.
Controles comunes	Presenta la lista de los controles más usados en el desarrollo de aplicaciones Windows Forms, como botones, cuadros de chequeo, cuadros combinados, etiquetas, cuadros de lista, cuadros de texto, etc.
Contenedores	Presenta una lista de controles que pueden contener a otros controles, como un grupo, un panel o un control de tabuladores.
Menús y barras de herramientas	Presenta una lista de controles que pueden controlar opciones agrupadas, como un menú de opciones, una barra de herramientas, una barra de estado, etc.
Datos	Presenta una lista de controles que permiten controlar la información a partir de una conexión a un gestor de base de datos, como un conjunto de datos, un datagridview o un gráfico.

2.10 Explorador de soluciones

El explorador de soluciones permite al desarrollador administrar los elementos de una solución o un proyecto; también puede examinar el código. En función del elemento especificado, el tipo de proyecto determinará los comandos de administración que van a quedar disponibles.

- Acceso: **Ver > Explorador de soluciones**
- Tecla de acceso: **Ctrl + Alt + L**

Los principales botones son:

BOTÓN	DESCRIPCIÓN
⌂	Permite restaurar los elementos originales del explorador de soluciones y colocarlos en el archivo principal de la solución o proyecto.
⊟	Permite contraer la lista de archivos contenidos en las opciones del explorador de soluciones.
⧉	Permite mostrar todos los elementos visibles y no visibles del explorador de soluciones.
🔧	Permite mostrar las propiedades pertenecientes a una solución o proyecto.
<>	Permite visualizar el código cuando nos encontramos en un proyecto de tipo Windows Forms.
↻	Permite actualizar los elementos mostrados en el explorador de soluciones.

Estos son los archivos que contiene el explorador de soluciones:

ARCHIVOS	DESCRIPCIÓN
Solución 'Modelo' (1 proyecto)	Es el nombre de la solución actual. Entre paréntesis siempre se mostrará la cantidad de proyectos que contiene la solución; el valor por defecto es uno, ya que al crear una solución automáticamente tiene un proyecto.
Modelo	Es el nombre del proyecto actual. A partir de aquí se controlan todos los archivos contenidos.
Properties	Muestra las propiedades del proyecto actual.
Referencias	Muestra todas las referencias activas para un determinado proyecto.
App.config	Muestra el contenido del archivo de configuraciones.
Form1.cs	Muestra el contenido del formulario perteneciente al proyecto.
Program.cs	Muestra el código inicial del proyecto. Desde aquí podemos configurar el formulario de inicio.

2.11 Ventana de propiedades

Esta ventana presenta una lista de propiedades que permiten personalizar un control. Hay que tener en cuenta que esta ventana muestra las propiedades dependiendo de lo seleccionado, ya que también puede mostrar propiedades de los archivos contenidos en el explorador de soluciones.

- Acceso: **Ver > Ventana Propiedades**
- Tecla de acceso: **F4**

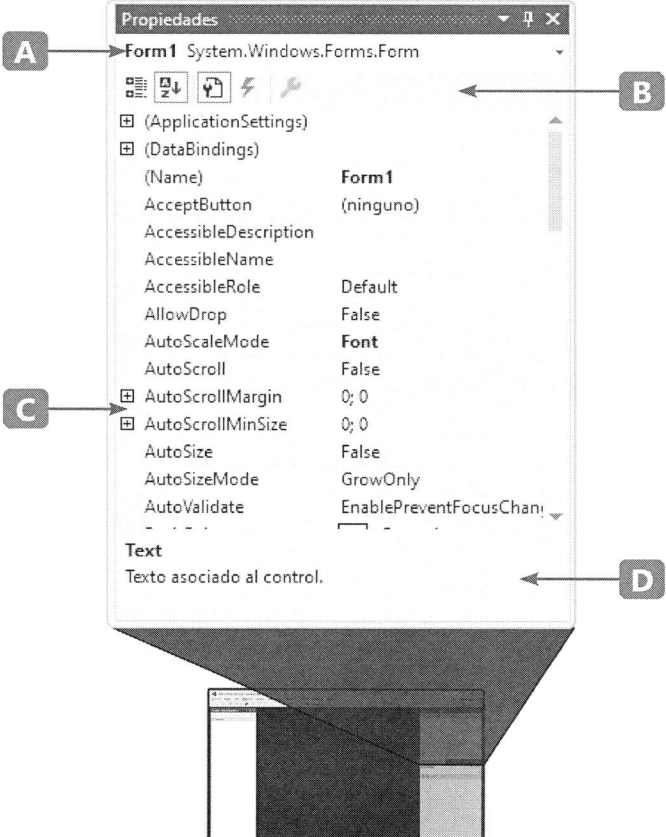

Las partes de la ventana de propiedades son:

	PARTES	DESCRIPCIÓN
A	**Form1** System.Windows.Forms.Form	Form1 representa el nombre del objeto seleccionado. System.Windows.Forms.Form representa a qué clase pertenece el objeto que se está mostrando.
B		• Muestra las propiedades en forma de categorías. • Muestra las propiedades ordenadas de forma ascendente. • Muestra las propiedades de un determinado objeto. • Muestra los eventos de un determinado objeto.
C	⊞ Size 300, 300	El símbolo + indica que es más probable que se despliegue una propiedad. Si necesita cambiar el valor de una propiedad, puede hacer doble clic sobre el nombre de la propiedad. El valor de la propiedad aparece entonces en el lado derecho y puede ser personalizado por el usuario. También puede modificarla haciendo doble clic sobre el valor.
D	**Text** Texto asociado al control.	En el pie de la ventana de propiedades se muestra un diálogo que indica algunas características de la propiedad seleccionada.

2.12 Soluciones para C#

Una solución puede decirse que es un espacio de trabajo, ya que contiene un conjunto de proyectos en un solo archivo. La extensión asociada a este archivo es **.sln,** que contiene las preferencias y la información de configuración de toda la aplicación y el usuario mismo.

Veamos la relación que existe entre un proyecto y un conjunto de proyectos:

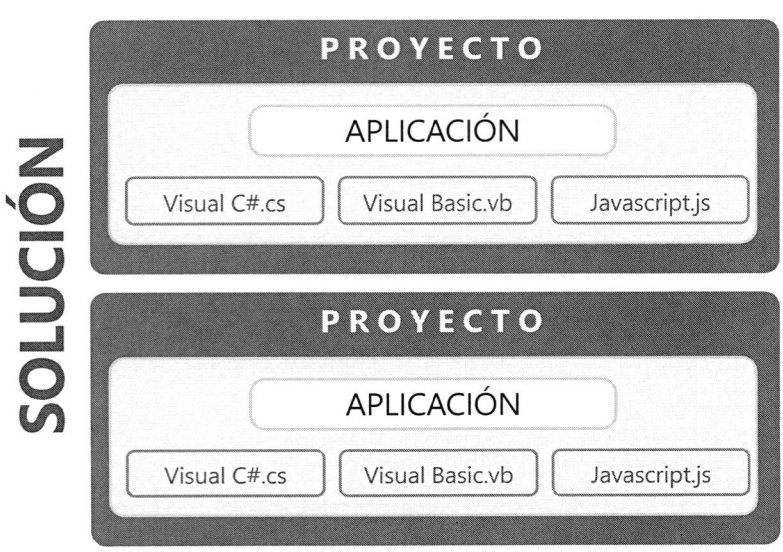

A. Crea una nueva solución

1. **Archivo** > **Nuevo** > **Proyecto**.
2. Escriba **Solución** en la búsqueda y seleccione **Solución en blanco.**

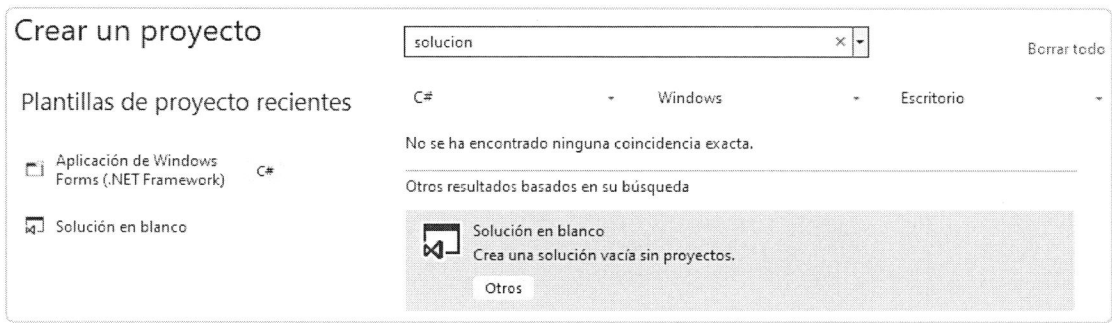

3. Seguidamente, asigne un nombre y una ubicación a la solución. Si desea modificar la ubicación, pulse el botón **Examinar**.
4. Finalmente, pulse **Crear**.
5. La ventana **Explorador de soluciones** se debe mostrar de la siguiente manera:

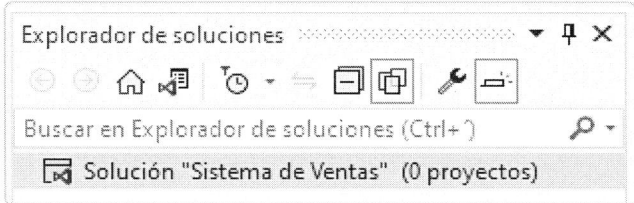

Como observa, entre paréntesis indica cero proyectos, ya que aún no hay agregado ninguno.

B. Agregue proyectos a la solución

Puede agregar una cantidad ilimitada de proyectos a la solución, no necesariamente del mismo tipo. Por ejemplo, podría incluir un proyecto para aplicaciones de consola. Allí mismo podría añadir uno para Windows Form y otro para ASP.MVC. Veamos las diversas maneras de agregar un proyecto de tipo Windows Form a una solución:

1. Haga clic derecho sobre la solución desde el explorador de soluciones.

2. Seleccione **Agregar** > **Nuevo proyecto**

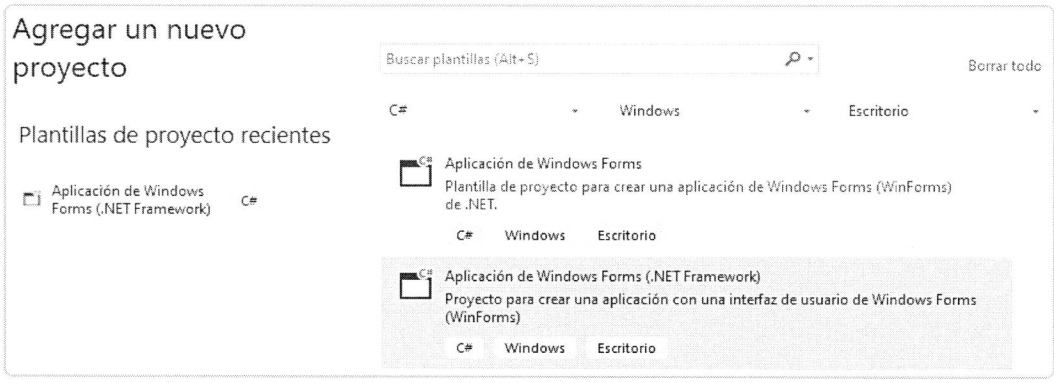

3. Seleccione **Aplicaciones de Windows Forms (.NET Framework).**

4. Asigne un nombre adecuado al proyecto y pulse el botón **Crear.** No será necesario especificar la ruta, pues el archivo se registrará en el mismo lugar que la solución.

Supongamos que agrega dos proyectos a la solución inicial, el primero llamado **ControlInventario** y el segundo llamado **ControlMarketing.** Al final se mostrarían de la siguiente manera:

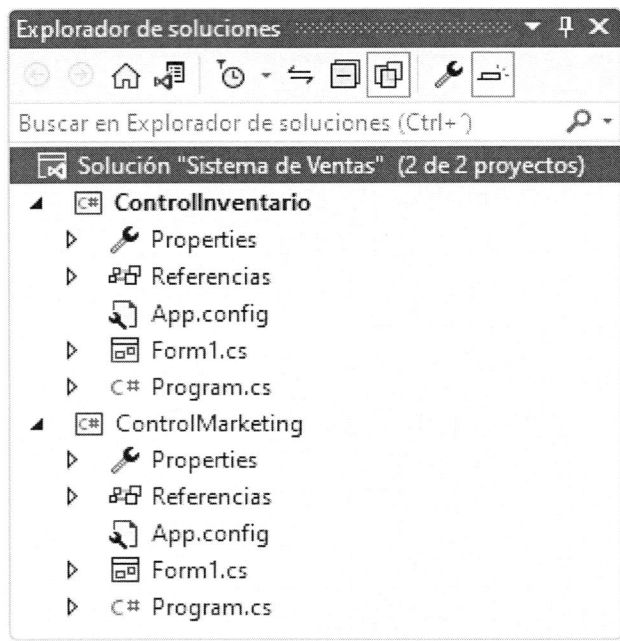

Consideraciones que debe tener en cuenta con respecto a los proyectos dentro de una solución:

a. Si dentro de una solución se encuentran dos o más proyectos, uno de ellos tiene la asignación de proyecto de inicio y puede ser modificado a petición del usuario.

b. Para detectar al proyecto de inicio, visualice los proyectos desde el explorador de soluciones: notará que uno de los nombres del proyecto se encuentra en negrita. Ese es el proyecto de inicio (se muestra en la imagen anterior).

c. Debe tener en cuenta que el primer proyecto agregado a la solución siempre será el de inicio.

C. Establezca el proyecto de inicio

Para modificar la asignación del proyecto de inicio debe seguir los siguientes pasos:

1. Haga clic derecho sobre un determinado proyecto.
2. Seleccione **Establecer como proyecto de inicio.**

D. Guarde la solución

Debe tener en cuenta que en el momento de guardar una solución en realidad estarían quedando registrados todos los elementos contenidos en la solución. Para guardar una solución siga los siguientes pasos:

1. Vaya a **Archivo.**
2. Haga clic en **Guardar todo.**

En Windows, la solución y sus proyectos se visualizarán como se muestra en la siguiente imagen:

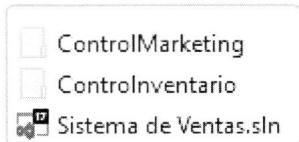

E. Cierre la solución

Al cerrar una solución automáticamente todos los proyectos se cierran también, ya que se encuentran contenidos en la solución. Para cerrar una solución siga los siguientes pasos:

1. Vaya a **Archivo.**
2. Haga clic en **Cerrar solución.**

Se le solicita guardar los cambios. Se grabarán todos los elementos contenidos en la solución con los nombres asignados hasta el momento. Esto ayudará a no especificar un nombre por cada elemento contenido en la solución en el momento de guardar.

F. Abra una solución

Abrir una solución le permitirá mostrar todos los elementos contenidos dentro de ella. No será necesario especificar qué archivo quiere visualizar, puesto que se cargarán todos. Para lograrlo debemos seguir los siguientes pasos:

1. **Archivo > Abrir > Proyecto o Solución**
2. Ubique la carpeta donde se guardó la solución y seleccione el archivo de tipo **.sln,** tal como se muestra en la siguiente imagen:

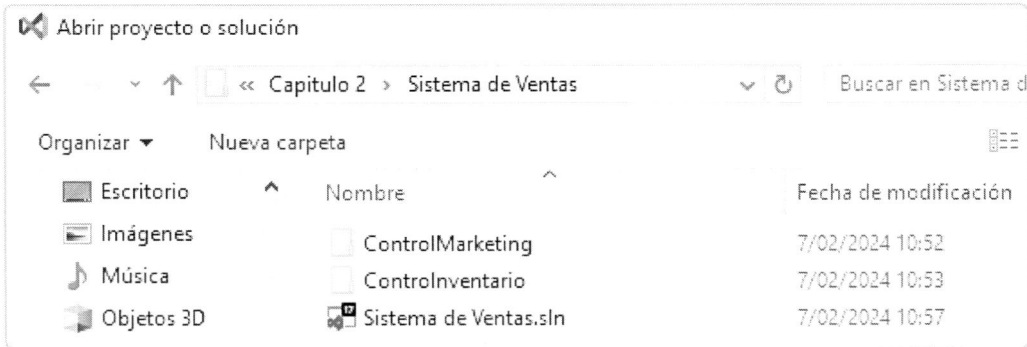

3. Finalmente, pulse el botón **Abrir.**

2.13 Windows Forms

Cuando se crea un proyecto de forma predeterminada, este contiene un archivo **Form1.cs.** Este archivo permite agregar controles a partir del cuadro de herramientas y así implementar una aplicación de plataforma, también llamada aplicación de escritorio, mediante formularios de Windows.

A. Agregue un formulario al proyecto

Los formularios son entornos que permiten la interacción del usuario con la aplicación. Como la cantidad de formularios que puede contener un proyecto es ilimitada, puede agregarse o eliminarse formularios en cualquier momento. Para agregar un formulario, siga los siguientes pasos:

a. Primera forma:

1. Haga clic derecho en **Proyecto > Agregar > Formulario (Windows Forms)...**
2. Asigne un nombre al formulario y dele al botón **Agregar.**

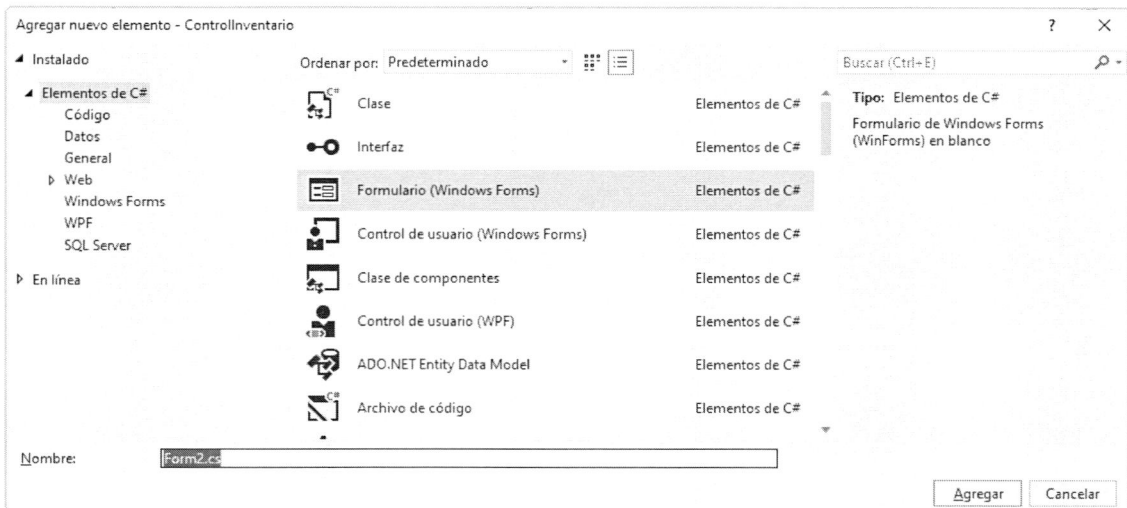

b. Segunda forma:

1. Desde el menú principal seleccione **Proyecto > Agregar formulario (Windows Forms)...**
2. Asigne un nombre al formulario y pulse el botón **Agregar.**

B. Modifique el nombre del formulario

Debe tener en cuenta que un formulario dentro de un proyecto representa dos cosas: la primera, que al guardarse como proyecto el formulario se registrará en un archivo con extensión **.cs;** la segunda, que si lo guardamos como un objeto será de la clase **Form.**

Mencionamos esto porque el formulario es uno de los controles que puede tener un nombre como archivo y otro nombre como control dentro de un mismo proyecto. Claro está que se recomienda que ambos nombres sean iguales, pero la decisión será del programador.

   a. Pasos para modificar el nombre del archivo **Form1.cs:**

      1. Seleccione el formulario desde el explorador de soluciones.

      2. Asigne un nombre desde el panel de propiedades, tal como se muestra en la siguiente imagen:

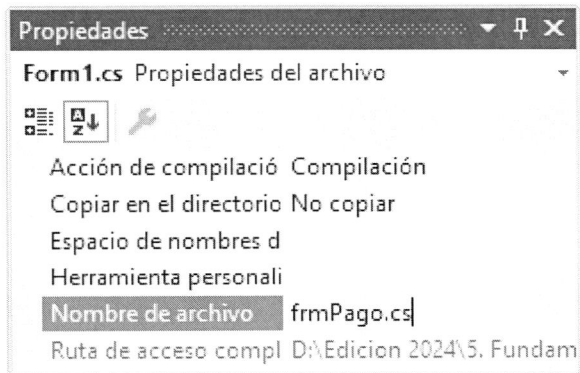

   b. Pasos para modificar el nombre del objeto **Form1.**

      1. Haga un clic dentro del contenedor del formulario.

      2. Colóquese en la propiedad **(Name)** desde el panel de propiedades.

      3. Asigne un nombre, tal como se muestra en la siguiente imagen.

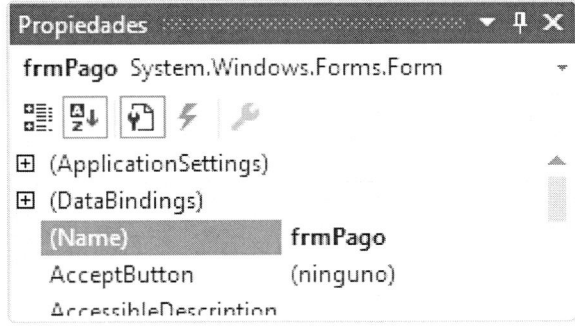

C. Elimine un formulario

Cuando se elimina un formulario también se eliminan todos los controles agregados.

Pasos para eliminar el formulario **Form1.cs:**

1. Seleccione el formulario desde el explorador de soluciones.

2. Haga clic derecho sobre el formulario y seleccione **Eliminar.**

D. Cómo establecer un formulario inicio dentro de un proyecto

Cuando se ejecuta una aplicación de tipo Windows Forms, uno de los formularios será el que se muestre al usuario. Por lo tanto, debe tener el control de qué formulario se ejecutará al pulsar **F5** en Visual.

Pasos para modificar un formulario de inicio:

1. Haga doble clic sobre el archivo **Program.cs** desde el explorador de soluciones.

2. Se mostrará el siguiente código fuente del archivo:

```csharp
using System;
using System.Collections.Generic;
using System.Linq;
using System.Threading.Tasks;
using System.Windows.Forms;

namespace ControlInventario
{
    internal static class Program
    {
        /// <summary>
        /// Punto de entrada principal para la aplicación.
        /// </summary>
        [STAThread]
        static void Main()
        {
            Application.EnableVisualStyles();
            Application.SetCompatibleTextRenderingDefault(false);
            Application.Run(new frmPago());
        }
    }
}
```

3. Para cambiar el formulario de inicio, cambie el nombre de ese formulario en la siguiente sección de código:

```csharp
Application.Run(new frmPago());
```

4. Finalmente, compruebe el cambio pulsando **F5** para ejecutar la aplicación.

2.14 Notación para los nombres de los controles

Todo elemento que contiene un proyecto tiene un nombre, que puede ser modificado a conveniencia del programador. Existe una notación estándar que permite diferenciar el control dependiendo de la clase de donde proviene. Esta es una tabla de los prefijos más conocidos para los principales controles:

- Ficha: **Controles comunes**

Control	Prefijo	Descripción
Form	frm	Windows Forms es considerado un contenedor de controles. Es aquí donde el programador diseñará un entorno enfocado en el usuario final.
Button	btn	Botón de comando es el encargado de ejecutar un determinado proceso en una aplicación, por ejemplo, calcular, eliminar, listar, etc.
CheckBox	chk	Botón de comprobación permite asignar cajas de comprobación que permitirán al usuario seleccionar múltiples opciones en un mismo formulario.
ComboBox	cbo	Cuadro combinado permite asignar varios valores en un solo control, los cuales podrán ser seleccionados por el usuario a partir de un desplegable.
DateTimePicker	dtp	Control de la fecha y la hora permite al usuario seleccionar en un solo elemento una fecha y una hora.
Label	lbl	Etiqueta es considerado como texto estático, lo que permite al programador mostrar información al usuario que no podrá modificarse.
ListBox	lst	Cuadro de lista permite asignar varios valores en un solo control, los cuales se mantienen visibles.
ListView	lv	Vista de lista permite mostrar información matricial en un solo control. Se puede usar para listar información, tal como se vería en Excel.
MaskedTextBox	txt	Máscara de caja de texto es muy similar al cuadro de texto. La diferencia es que permite personalizar el ingreso mediante máscaras. Podríamos usarlo para el ingreso de fechas u horas en un formato adecuado.
PictureBox	pb	Cuadro de imagen permite mostrar una imagen dentro de un marco en el formulario.
RadioButton	rb	Botón de radio permite asignar múltiples opciones mediante botones, pero solo uno de ellos podrá ser seleccionado.
TextBox	txt	Cuadro de texto permite ingresar un valor de cualquier tipo, que será administrado por el programador.

- Ficha: **Contenedores**

Control	Prefijo	Descripción
GroupBox	gb	Cuadro de grupo permite agrupar controles dentro de un formulario..
TabControl	tc	Control tabulador permite agrupar controles dentro de fichas.

- Ficha: **Menús y barras de herramientas**

Control	Prefijo	Descripción
MenuStrip	ms	Menú de opciones permite implementar un menú de opciones en un formulario.
ToolStrip	ts	Barra de opciones permite asignar una barra de herramientas en un formulario.

2.15 Control Form

Representa al objeto de la clase **Form,** el cual permite diseñar un formulario que interactúa con el usuario.

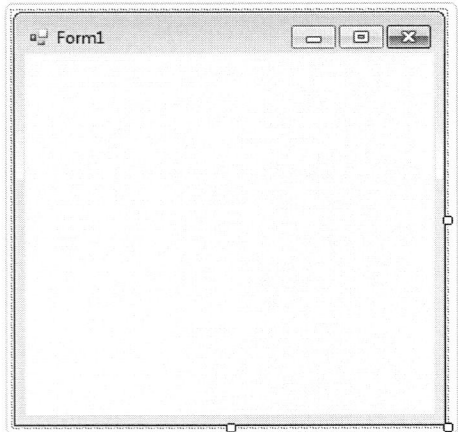

Propiedad	Descripción
(Name)	Permite asignar un nombre del control **Form.**
BackColor	Permite asignar un color de fondo al formulario.
BackgroundImage	Permite asignar una imagen de fondo al formulario.
BackgroundImageLayout	Permite definir cómo se mostrará la imagen de fondo del formulario, asignada con la propiedad **BackGroundImage.**
ControlBox	Activa y desactiva los botones de control del formulario (maximizar, minimizar y salir).
FormBorderStyle	Especifica la apariencia que tendrán los bordes del formulario.
Locked	Bloquea y desbloquea el cambio de tamaño del formulario en tiempo de diseño.
MaximizeBox	Activa y desactiva el control maximizar del formulario.
MinimizeBox	Activa y desactiva el control minimizar del formulario.
Size	Determina el tamaño en ancho y alto del formulario.

StartPosition	Determina la posición inicial del formulario al poner a funcionar la aplicación.
Text	Determina el título del formulario.
WindowState	Determina el estado inicial del formulario al correo la aplicación nos referimos al maximizar, restaurar o minimizar.

Estas son las opciones que pueden aparecer en un control de tipo formulario:

a. Asignar el nombre **frmListado.**

    1. Haga clic en el fondo del formulario.

    2. Modifique la propiedad **(Name)** > **frmListado.**

b. Asignar el color rojo de fondo.

    1. Haga clic en el fondo del formulario.

    2. Seleccione la propiedad **BackColor** > **Personalizado.**

    3. Seleccione el color **Rojo.**

c. Asignar una imagen de fondo.

    1. Haga clic en el fondo del formulario.

    2. Seleccione la propiedad **BackgroundImage.**

    3. Seleccione el botón ... > **Recurso local** > **Importar.**

    4. Seleccione la imagen.

    5. Presione **Aceptar.**

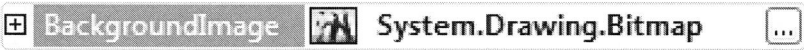

d. Desactivar los botones de control.

    1. Haga clic en el fondo del formulario.

    2. Seleccione la propiedad **ControlBox** > **False.**

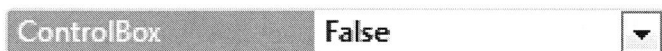

e. ¿Cómo bloqueamos el formulario para que no cambie en alto y ancho?

    1. Haga clic en el fondo del formulario.

    2. Seleccione la propiedad **FormBorderStyle** > **FixedSingle.**

    3. Seleccione la propiedad **ControlBox** > **False.**

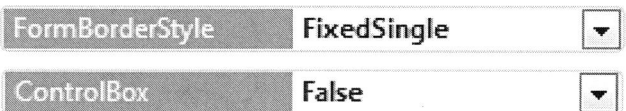

f. Asignar la posición central de la pantalla al ejecutar una aplicación.

1. Haga clic en el fondo del formulario.

2. Seleccione la propiedad **StartPosition** > **CenterScreen.**

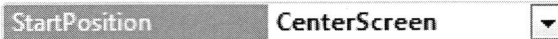

g. Asignar el título Listado de empleados.

1. Haga clic en el fondo del formulario.

2. Seleccione la propiedad **Text** y asigne el texto **Listado de empleados.**

h. Asignar el estado de maximizado al ejecutar la aplicación.

1. Haga clic en el fondo del formulario.

2. Seleccione la propiedad **WindowState** > **Maximized**.

i. ¿Cómo colocamos controles dentro del formulario?

- **Primera forma:** arrastre un control desde el cuadro de herramientas hacia el formulario.

- **Segunda forma:** haga doble clic sobre un control desde el cuadro de herramientas.

2.16 Control Label

Representa al objeto de la clase **Label,** que permite colocar textos estáticos dentro de un formulario.

label1

Propiedad	Descripción
(Name)	Permite asignar un nombre al objeto Label. Hay que tener en cuenta que, si el objeto es un texto informativo, no será necesario modificar el nombre del usuario; en cambio, sí necesita un objeto Label para mostrar el resultado de una aplicación. Entonces sí debe asignar un nombre, por ejemplo, **lblSueldo,** que permitirá mostrar el sueldo como resultado de un proceso.
Autosize	Permite autoajustar el marco que contiene al texto del objeto **Label.** Si lo activamos, el marco se autoajusta al contenido.
BorderStyle	Permite establecer un estilo de borde al objeto **Label.** Tenemos **None**, **FixedSingle** y **Fixed3D,** que simplemente son estilos de borde del control.
Font	Permite definir la fuente, el estilo, el tamaño y los efectos al contenido del objeto **Label**.
Forecolor	Permite asignar un color al texto contenido dentro del objeto **Label.**

Locked	Permite bloquear el movimiento y el tamaño del objeto **Label** dentro del formulario. Cuando intente realizar una de estas acciones, aparecerá un candado al lado del objeto **Label**.
Text	Permite asignar un contenido, visible por el usuario, al objeto **Label**.
TextAlign	Permite asignar una alineación al texto contenido dentro del marco del objeto Label. Debemos tener en cuenta que esta propiedad será visible solo si la propiedad **AutoSize** es **False**.

Veamos las siguientes opciones que se pueden presentar en un control de tipo **Label:**

a. Asignar el nombre **lblSueldo.**

   1. Seleccione el objeto **Label** desde el formulario.

   2. Modifique la propiedad **(Name)** > **lblSueldo**.

b. Asignar el color azul al texto.

   1. Seleccione el objeto **Label** desde el formulario.

   2. Modifique la propiedad **Forecolor** > **Personalizado** > **Blue.**

c. Asignar un borde simple al marco del texto.

   1. Seleccione el objeto **Label** desde el formulario.

   2. Modifique la propiedad **BorderStyle** > **FixedSingle.**

d. Asignar el texto **CONTROL DE SUELDO DE EMPLEADOS.**

   1. Seleccione el objeto **Label** desde el formulario.

   2. Modifique la propiedad **Text** y escriba el texto **CONTROL DE SUELDO DE EMPLEADOS.**

e. Asignar el tipo de letra Tahoma con tamaño 24 y negrita.

   1. Seleccione el objeto **Label** desde el formulario.

   2. Modifique la propiedad **Font** > **...**

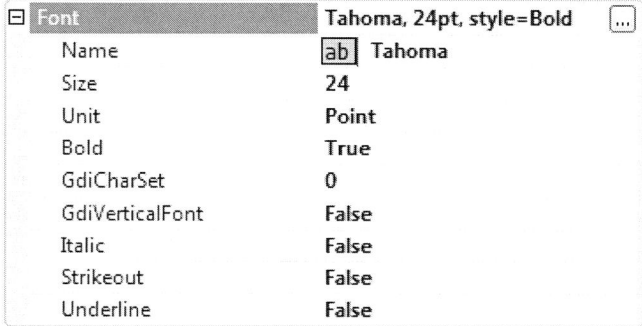

2.17 Control TextBox

Representa al objeto de la clase **TextBox.** Este permite ingresar textos dentro del marco de una línea. Es el único control en el que el usuario podrá introducir un determinado valor que requiera por la aplicación.

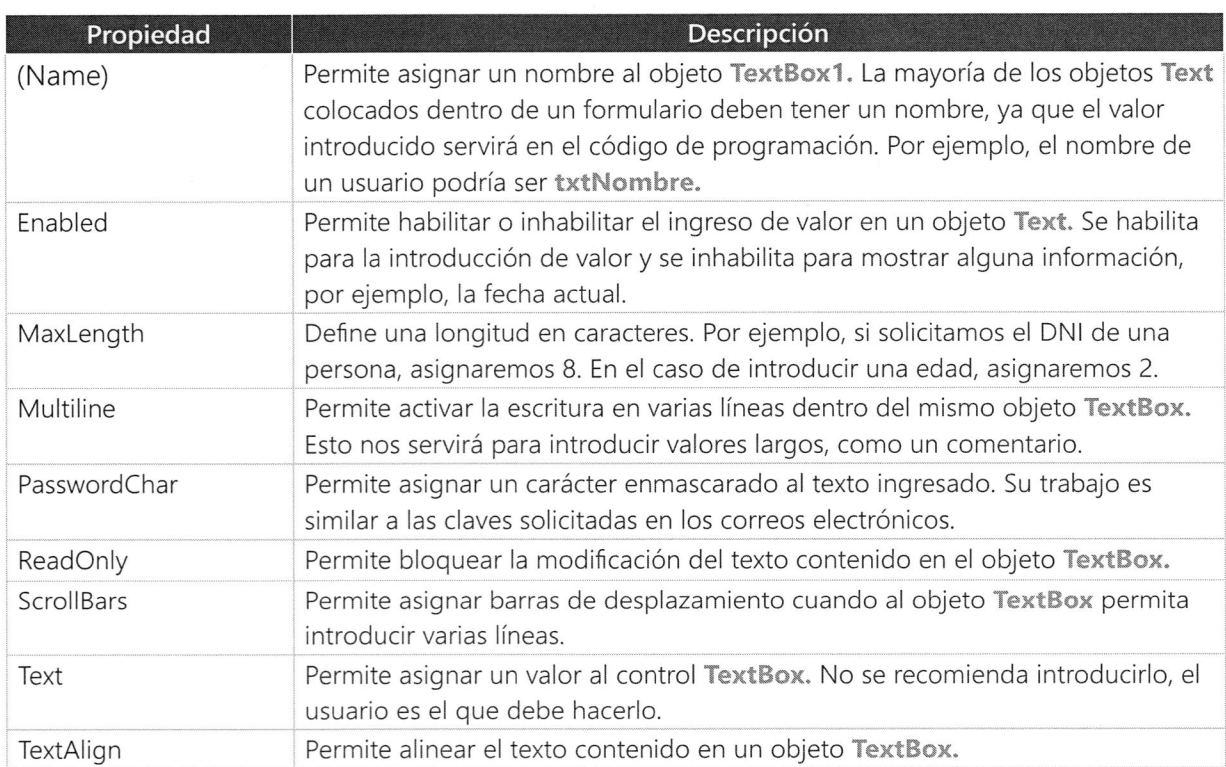

Propiedad	Descripción
(Name)	Permite asignar un nombre al objeto **TextBox1.** La mayoría de los objetos **Text** colocados dentro de un formulario deben tener un nombre, ya que el valor introducido servirá en el código de programación. Por ejemplo, el nombre de un usuario podría ser **txtNombre.**
Enabled	Permite habilitar o inhabilitar el ingreso de valor en un objeto **Text.** Se habilita para la introducción de valor y se inhabilita para mostrar alguna información, por ejemplo, la fecha actual.
MaxLength	Define una longitud en caracteres. Por ejemplo, si solicitamos el DNI de una persona, asignaremos 8. En el caso de introducir una edad, asignaremos 2.
Multiline	Permite activar la escritura en varias líneas dentro del mismo objeto **TextBox.** Esto nos servirá para introducir valores largos, como un comentario.
PasswordChar	Permite asignar un carácter enmascarado al texto ingresado. Su trabajo es similar a las claves solicitadas en los correos electrónicos.
ReadOnly	Permite bloquear la modificación del texto contenido en el objeto **TextBox.**
ScrollBars	Permite asignar barras de desplazamiento cuando al objeto **TextBox** permita introducir varias líneas.
Text	Permite asignar un valor al control **TextBox.** No se recomienda introducirlo, el usuario es el que debe hacerlo.
TextAlign	Permite alinear el texto contenido en un objeto **TextBox.**

Veamos las siguientes opciones que se pueden presentar en un control de tipo **TextBox:**

   a. Asignar el nombre **txNombres** para ingresar el nombre del usuario.

      1. Seleccione el objeto **TextBox** desde el formulario.
      2. Modifique la propiedad **(Name) > txtNombres.**

   b. Asignar una longitud de 8 caracteres.

      1. Seleccione el objeto **TextBox** desde el formulario.
      2. Modifique la propiedad **MaxLength > 8.**

   c. Asignar la máscara asterisco al objeto **TextBox.**

      1. Seleccione el objeto **TextBox** desde el formulario.

2. Modifique la propiedad **PasswordChar** > *.

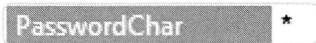

d. Permitir el ingreso de texto en varias líneas y asignar la barra de desplazamiento vertical.

1. Seleccione el objeto **TextBox** desde el formulario.

2. Modifique la propiedad **Multiline** > **True.**

3. Modifique la propiedad **ScrollBars** > **Vertical.**

e. Mostrar el 18 % de solo lectura.

1. Seleccione el objeto **TextBox** desde el formulario.

2. Modifique la propiedad **Text** > **18%.**

3. Modifique la propiedad **ReadOnly** > **True.**

2.18 Control Button

Representa al objeto de la clase **Button,** el cual permite realizar un proceso según el código implementado.

button1

Propiedad	Descripción
(Name)	Permite asignar un nombre al objeto **Button.** Por ejemplo, para un botón de registro podría llamada **btnRegistra.**
Enabled	Permite habilitar o inhabilitar al botón. Esto podría habilitarse por algún criterio dentro de la aplicación.
Image	Permite asignar una imagen dentro del botón.
ImageAlign	Permite alinear la imagen dentro del botón.
Text	Permite asignar un título al botón.
TextAlign	Permite alinear el texto colocado en el título del botón.

Veamos las siguientes opciones que se pueden presentar en un control de tipo **Button:**

a. Asignar el nombre **btnRegistrar**l botón.

1. Seleccione el objeto **Button** desde el formulario.

2. Modifique la propiedad **(Name)** > **btnRegistrar.**

b. Asignar el texto **REGISTRO** al botón.

    1. Seleccione el objeto **Button** desde el formulario.

    2. Modifique la propiedad **Text > REGISTRO.**

c. Colocar el texto **SALIR** y asignar una imagen con las alineaciones respectivas.

    1. Seleccione el objeto **Button** desde el formulario.

    2. Modifique la propiedad **Text > SALIR.**

    3. Modifique la propiedad **Image > ... > Recurso local > Importar.**

    4. Modifique la propiedad **ImageAlign > MiddleLeft.**

    5. Modifique la propiedad **TextAlign > MiddleRight.**

2.19 Control ComboBox

Representa al objeto de la clase **CompBox**, el cual permite mostrar una lista desplegable, que se contrae una vez es seleccionada una opción.

PROPIEDAD	DESCRIPCIÓN
(Name)	Permite asignar un nombre al objeto **CompBox.** Por ejemplo, para un cuadro combinado para listar países podría llamarse **cboPaís.**
DropDownStyle	Permite modificar el estilo que muestra el cuadro combinado. Si asignamos **Simple,** se mostrarán los valores sin contraerse. **DropDown** es el valor estándar y **DropDownList** no permite editar dentro del objeto.
Items	Permite asignar valores dentro del cuadro combinado.
Sorted	Permite ordenar los valores mostrados dentro del cuadro combinado.
Text	Permite asignar un texto de entrada al cuadro combinado. Una vez que el usuario selecciona una opción del objeto, este valor se pierde.

Veamos las opciones que se pueden presentar en un control de tipo **ComboBox**.

a. Asignar el nombre **cboPais**.

   1. Seleccione el objeto **ComboBox** desde el formulario.

   2. Modifique la propiedad **(Name) > CboPaís.**

b. Asignar los siguientes países al cuadro combinado Perú - Colombia - Chile - Ecuador – México.

   1. Seleccione el objeto **ComboBox** desde el formulario.

   2. Modifique la propiedad **Items > ... > Digite los países > Aceptar.**

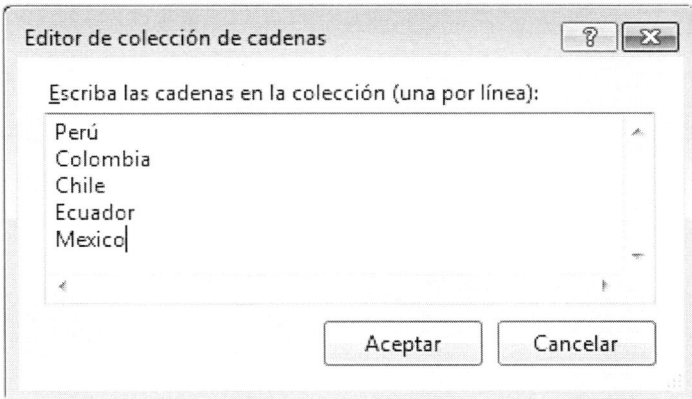

c. Mostrar los países con el estilo de combo **Simple**.

   1. Seleccione el objeto **ComboBox** desde el formulario.

   2. Modifique la propiedad **DropDownStyle > Simple.**

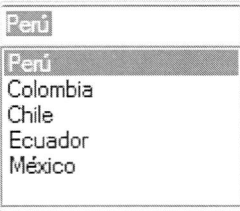

d. Mostrar el texto inicial (seleccione un país).

   1. Seleccione el objeto **ComboBox** desde el formulario.

   2. Modifique la propiedad **Text > (Seleccione un país).**

2.20 Control ListBox

Representa al objeto de la clase **ListBox,** el cual permite mostrar una lista de valores al usuario.

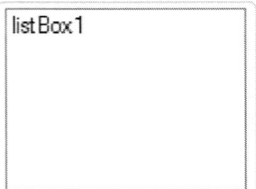

Propiedad	Descripción
(Name)	Permite asignar un nombre al objeto **ListBox.** Por ejemplo, una lista de productos podría llamarse **lstProductos.**
Items	Permite asignar valores dentro de la lista.

Veamos las opciones que se pueden presentar en un control de tipo **listBox:**

- **a.** Asignar el nombre **lstProductos.**

  - **1.** Seleccione el objeto **ListBox** desde el formulario.
  - **2.** Modifique la propiedad **(Name)** > **lstProductos.**

- **b.** Asignamos los siguientes productos a la lista Lavadora – Refrigerador – Plancha – Licuadora.

  - **1.** Seleccionamos el objeto **ListBox** desde el formulario.
  - **2.** Modificamos la propiedad **Items** > **...** > **Digite los productos** > **Aceptar.**

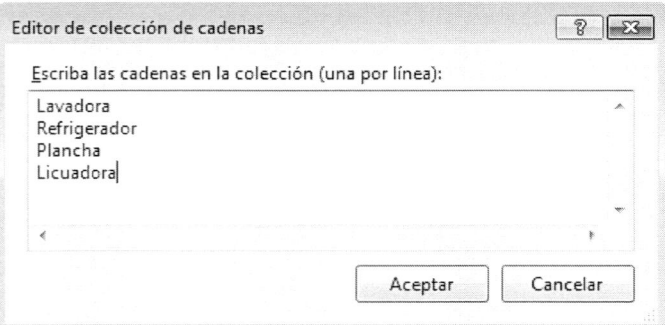

2.21 Control ListView

Representa al objeto de la clase **ListView,** el cual muestra una información matricial, tal como se muestra en Excel o en una tabla de Word.

Propiedad	Descripción
(Name)	Permite asignar un nombre al objeto **ListView.** Por ejemplo, un registro de compra de productos podría llamarse **lvRegistro.**
GridLines	Asigna una rejilla al objeto **ListView.**
View	Asigna una determinada vista al objeto **ListView.** Para todos nuestros casos usaremos la vista **Details** (Detalles).
Columns	Permite asignar columnas al objeto **ListView,** de tal forma que asignamos una cabecera adecuada para el usuario.

Veamos las opciones que se pueden presentar en un control de tipo **ListView:**

a. Asignar el nombre **lvRegistro** al **ListView.**

   1. Seleccione el objeto **ListView** desde el formulario.

   2. Modifique la propiedad **(Name)** > **lvRegistro.**

b. Implementar el siguiente **ListView.**

   1. Seleccione el objeto **ListView** desde el formulario.

   2. Modifique la propiedad **View** > **Details.**

   3. Modifique la propiedad **GridLines** > **True.**

   4. Modifique la propiedad **Columns** > y agregue los textos mostrados en la cabecera.

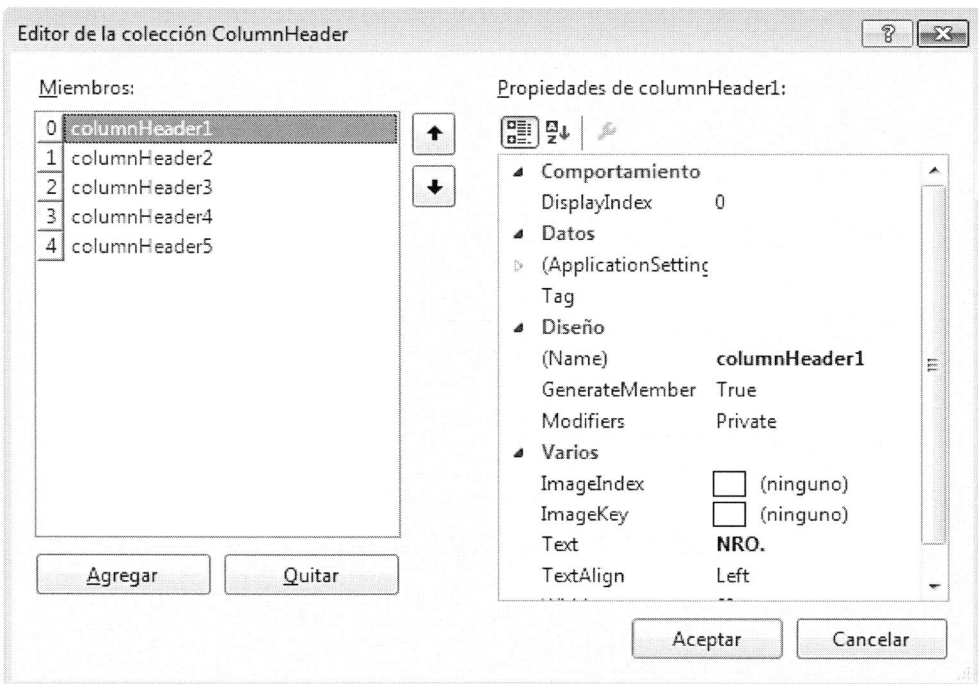

Para agregar las cabeceras, primero debe crear cinco columnas. Para ello pulse cinco veces el botón **Agregar**. Seleccione uno a uno los miembros mostrados y, en la propiedad **Text,** que aparece mostrada en la misma ventana, modifique la cabecera. Cuando termine con todas las columnas, dele al botón **Aceptar.**

CAPÍTULO 3

Las variables y los operadores

3.1 Introducción

Hasta el momento hemos analizado todo lo referente a los proyectos que se pueden implementar en Visual Studio. Antes de realizar aplicaciones con C# dentro de Visual Studio, debemos entender algunos aspectos básicos, como la declaración de variables y los operadores, implementar expresiones y manejar los cuadros de mensaje en las aplicaciones.

Las variables del código se han de declarar correctamente. Lo primero que debemos identificar e cuántas necesitaremos para la aplicación y definir el valor que contendrán.

Hemos también de reconocer correctamente los operadores que usaremos en Visual C#. Ya que en cada sentencia siempre usaremos operadores, primero debemos entender este concepto y la forma de usarlos en una aplicación.

Finalmente, veremos cómo implementar mensajes dentro de una aplicación, puesto que es muy importante informar al usuario sobre algún evento en la aplicación o solicitar alguna información.

3.2 Estructura de una aplicación de plataforma en Visual C#

Puesto que nuestro desarrollo está enfocado a aplicaciones de plataforma, tenemos que conocer la estructura de estas.

Cuando creamos un proyecto para Visual C#, automáticamente se agrega un formulario por defecto llamado **form1.** Aquí agregaremos los controles necesarios para nuestra aplicación. Pero hemos de tener en cuenta que no solo se trata de diseñar un entorno, al cual llamamos interfaz gráfica de usuario o GUI, sino que debemos agregar código para que pueda funcionar correctamente. Para crear una aplicación de plataforma en Visual C# seguiremos los siguientes pasos:

a. Crear una solución en Visual Studio 2022.

1. Entre en Visual Studio 2022.

2. Seleccione **Crear un proyecto.**

3. Seleccione la plantilla **Solución en blanco.**

4. Asigne una ubicación y un nombre a la solución.

b. Agregar un proyecto.

1. Haga clic derecho sobre la solución > **Agregar** > **Nuevo proyecto.**

2. Seleccione la plantilla **Aplicaciones de Windows Form (.Net Framework).**

3. Asigne un nombre al proyecto.

c. Diseñar la interfaz gráfica de usuario usando una Windows Form.

1. Asigne un nombre adecuado al formulario.

2. Agregue los controles desde el cuadro de herramientas hacia el formulario.

3. Mediante las propiedades, modifique esos controles hasta tener una interfaz adecuada al caso que desarrollar.

4. Agregue código en los botones.

5. Ejecute la aplicación.

Para que una aplicación se considere correctamente compilada y ejecutada debe pasar por las siguientes etapas:

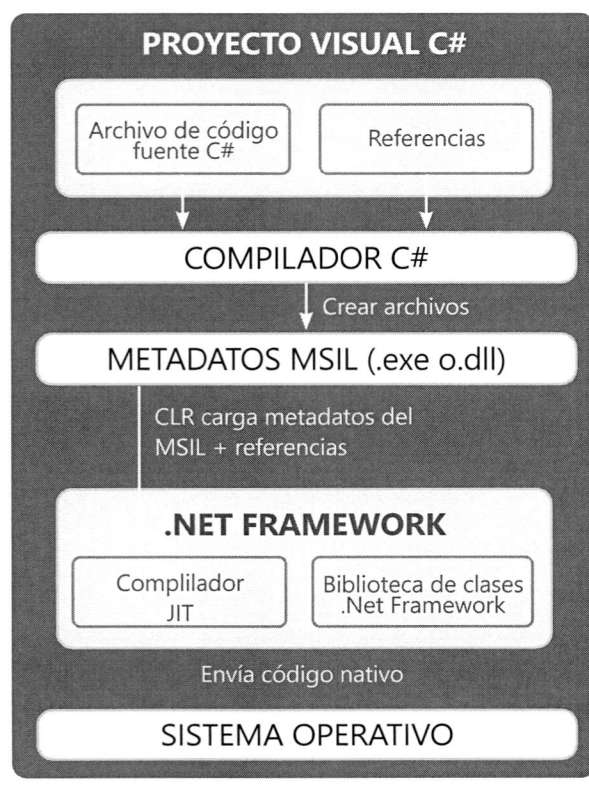

3.3 Eventos de los controles

Un evento es una ocurrencia del control. Debemos tener en cuenta que todos los controles tienen eventos y que estos pueden ser manipulados por el programador; es decir, podría programar alguna actividad para que se accione cuando ocurra un evento en particular (un clic o doble clic del mouse, o el load de un formulario).

Veamos una lista de las principales acciones de algunos controles:

A. Control Button

EVENTO	DESCRIPCIÓN
Clic	Es el evento por defecto que tiene el botón, ya que todos los botones suelen accionarse por el clic de un mouse para ejecutar o realizar una tarea específica. Para ello solo debe hacer doble clic en el botón.

El código mostrado en el editor será este:

```
private void btnProcesar_Click(object sender, EventArgs e)
{
    //Código a implementar
}
```

La visibilidad del método es privada. Esto hace que las variables declaradas, así como los objetos usados dentro del botón, no puedan ser referencias fuera de este.

Void es un método que se caracteriza por no devolver un valor específico.

BtnProcesar_Click es la unión del nombre asignado al objeto y la especificación del evento seleccionado. Esto quiere decir que el botón **Procesar** accionará algún código al hacer clic en él. Los parámetros que presenta entre paréntesis tienen la siguiente funcionalidad:

a. **Sender** representa una referencia al objeto que lanza el evento actual.

b. **EventArgs** representa la clase base de donde proviene el evento. En el caso de un botón lo puede accionar el clic del mouse.

La pareja de llaves representa el inicio y el fin del código que implementar. Este código será ejecutado al momento de accionar el evento clic del mouse sobre el botón **Procesar.**

B. Control ComboBox

EVENTO	DESCRIPCIÓN
SelectedIndexChanged	Es el evento por defecto que tiene el cuadro combinado. Este evento permitirá accionar un código con solo elegir un elemento contenido en la lista.

El código mostrado en editor será de la siguiente manera:

```
private void cboProductos_SelectedIndexChanged(object sender, EventArgs e)
{
    //Código a implementar
}
```

CboProductos_SelectedIndexChanged permite especificar el nombre del control y su evento. Debe tener en cuenta que por cada selección de un elemento en el cuadro combinado se accionará el código programado dentro del evento.

Cuando los eventos de los objetos no son los predeterminados, hay que seguir los siguientes pasos:

1. Seleccione el objeto desde el formulario.

2. Seleccione el botón **Eventos** desde la ventana de propiedades.

3. Ubique el evento y haga doble clic en él.

C. Control ListView

EVENTO	DESCRIPCIÓN
MouseDoubleClick	Es el evento que responde al hacer doble clic en una de las filas mostradas en el **ListView.**

Para acceder al evento **MouseDoubleClick** necesita seguir los siguientes pasos:

1. Seleccione el objeto **ListView** desde el formulario.

2. Seleccione el botón **Eventos** desde la ventana de propiedades.

3. Ubique el evento **MouseDoubleClick** y haga doble clic sobre él.

El código mostrado en el editor será este:

```
private void lvRegistro_MouseDoubleClick(object sender, MouseEventArgs e)
{
    //Código que se ejecutará cuando se presione double clic en el ListView
}
```

3.4 Editor de código

En una aplicación Windows Forms debemos tener acceso al código para poder administrar de la mejor manera los controles del formulario. Podemos entrar en el editor de códigos de varias maneras:

A. Primera forma: evento predeterminado

1. Haga doble clic sobre cualquier control contenido en el formulario.

2. Por ejemplo, si pulsa un botón, el editor de código mostrará el siguiente código:

```
PRIVATE VOID BUTTON1_CLICK(OBJECT SENDER, EVENTARGS E)
{
        //CÓDIGO A IMPLEMENTAR
}
```

B. Segunda forma: evento personalizado

1. Haz clic sobre cualquier control contenido en el formulario.

2. Selecciona **Eventos** de la ventana de propiedades.

3. Haz doble clic en el evento seleccionado.

4. Por ejemplo, si lo realizas en un **ListView** con el evento **MouseDoubleClick**, el editor de código mostrará el siguiente código:

```
PRIVATE VOID LVREGISTRO_MOUSEDOUBLECLICK(OBJECT SENDER, MOUSEEVENTARGS E)
{
   //CÓDIGO A IMPLEMENTAR
}
```

El código completo está dentro del editor y se muestra a continuación:

```
using System;
using System.Collections.Generic;
using System.ComponentModel;
using System.Data;
using System.Drawing;
using System.Linq;
using System.Text;
using System.Threading.Tasks;
using System.Windows.Forms;
namespace control_de_ventas
{
 public partial class frmPago : Form
 {
    public frmPago()
    {
       InitializeComponent();
    }
    private void Button1_Click(object sender, eventargs e)
    {
       //código a implementar
    }
    private void ListView1_MouseDoubleClick(object sender,mouseeventargs e)
    {
//código a implementar
    }
 }
}
```

Como puede comprobar, el editor de código muestra la estructura básica de una aplicación de tipo Windows Form. Iniciamos con las librerías necesarias para la aplicación. Se recomiendan no modificarlas; más bien lo adecuado es que, cuantas más funciones usemos, vayamos agregando más librerías. La siguiente lista contiene las librerías mínimas necesarias para la aplicación:

```
using System;
using System.Collections.Generic;
using System.ComponentModel;
```

```
using System.Data;
using System.Drawing;
using System.Linq;
using System.Text;
using System.Threading.Tasks;
using System.Windows.Forms;
```

3.5 Comentarios en el código fuente

Cuando se ejecuta una aplicación en Visual, el compilador reconoce las sentencias especificadas en el editor de código y las convierte en código que el ordenador pueda comprender. Pero atención: all agregar comentarios en la aplicación, estos NO los interpretará el compilador.

Un comentario es una sentencia no reconocida por el compilador. Esta se puede incluir en el código en estas situaciones:

a. Insertar el nombre del autor del código.

b. Colocar un mensaje sobre las sentencias implementadas

c. Anular una o más sentencias de código

Veamos el formato para la asignación de comentarios:

A. **Primera forma: comentario de una sola línea**

1. Ubique el cursor en una línea de código desde el editor.

2. Añada dos barras inclinadas (//).

B. **Segunda forma: comentario de varias líneas**

1. Ubique el cursor en una línea de código desde el editor.

2. Escriba la barra y un asterisco (/*) para dar inicio al bloque de comentarios.

3. Coloque un asterisco y una barra (*/) para finalizar el bloque de comentarios.

Por ejemplo, el siguiente código, que permite determinar el subtotal que pagar por la venta de un determinado producto, usa comentarios de línea y bloques de líneas.

```
/*
    Autor: Ing. Manuel Torres R.
    Método que permite determinar el monto subtotal de una
    determinada venta de producto.
*/
private void btnProcesar_Click(object sender, EventArgs e)
{
    //Asignando los valores del producto
    string producto = "Agua Mineral";
    double precio = 2.50;
    int cantidad = 10;

    //Realizando los cálculos
    double subtotal = precio * cantidad;
```

```
    //Realizando la impresión
    MessageBox.Show("PRODUCTO   : " + producto);
    MessageBox.Show("SUBTOTAL   : $ " + subtotal.ToString("0.00"));
}
```

3.6 Tipos de datos para Visual C#

C# es un lenguaje de programación estrictamente tipado, lo que quiere decir que debemos declarar todas las variables que pensamos usar y los objetos que se creen.

Veamos los tipos de datos en este lenguaje:

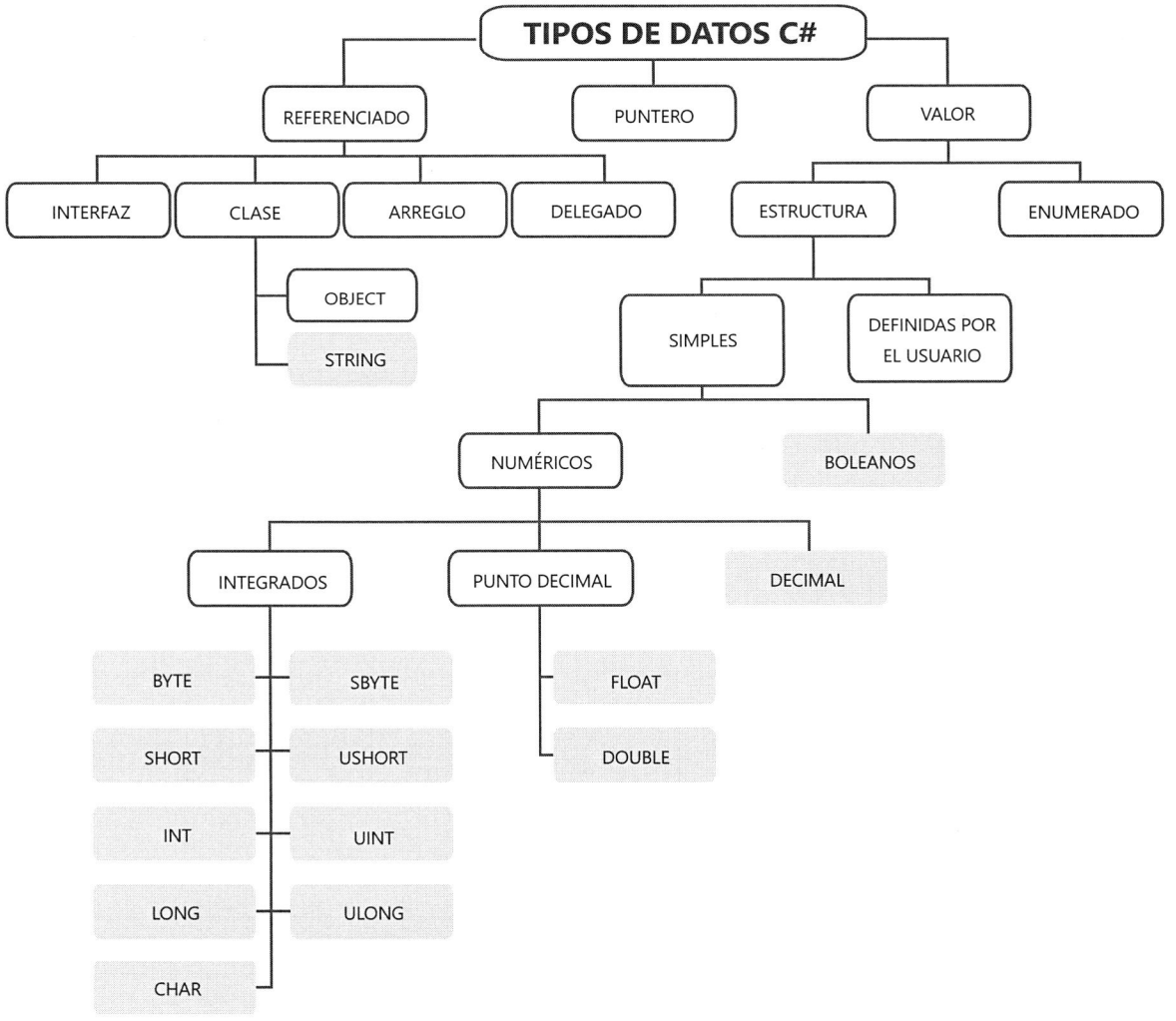

a. Veamos la capacidad de los tipos numéricos:

TIPO	TAMAÑO	CAPACIDAD	SYSTEM DE .NET
byte	1 byte	0 a 255	Byte
sbyte	1 byte	−128 a 127	SByte
short	2 bytes	−32768 a +32767	short
ushort	2 bytes	0 a 65535	ushort
int	4 bytes	−2147483648 a 2147483647	Int32
uint	4 bytes	0 a 4294967295	UInt32
long	8 bytes	−9223372036854775808 a 9223372036854775807	Int64
ulong	8 bytes	0 a 18446744073709551615	UInt64

b. Veamos la capacidad de los tipos numéricos decimales:

TIPO	TAMAÑO	CAPACIDAD	SYSTEM DE .NET
float	4 bytes	±1.401298E−45 a ±3.402823E+38	Single
double	8 bytes	±4.94065645841246E−324 a ±1.79769313486232E+308	Double
decimal	16 bytes	−7.9228162514264337593543950335 a +7.9228162514264337593543950335	Decimal

c. Veamos la capacidad de los tipos caracteres:

TIPO	TAMAÑO	CAPACIDAD	SYSTEM DE .NET
char	2 bytes	'\u0000' a '\uFFFF'	Char

d. Veamos la capacidad de los tipo `Boolean`.

TIPO	TAMAÑO	CAPACIDAD	System de .NET
bool	1 byte	true o false	Boolean

e. Veamos la capacidad del tipo de cadena de caracteres:

TIPO	TAMAÑO	CAPACIDAD	System de .NET
string	Variable	El permitido por la memoria	String

f. Veamos la capacidad del tipo de fecha:

TIPO	TAMAÑO	CAPACIDAD	System de .NET
DateTime	4 bytes	{00:00:00AM} equivale a {12:00:00AM}, medianoche. {00:00:00PM} equivale a {12:00:00PM}, mediodía. {00:00:00} a {11:59:59} equivale a {12:00:00AM} a {11:59:59AM} {12:00:00} a {23:59:59} equivale a {12:00:00PM} a {11:59:59PM}	DateTime

3.7 Identificadores

Son símbolos léxicos que permiten asignar un nombre a una entidad. En nuestro caso los usaremos para identificar los diversos elementos que puede tener una aplicación en Visual C#: variables, atributos de clase, constantes, métodos, clases, estructuras, etc.

Antes de crear un identificador, debemos considerar los siguientes aspectos:

a. Siempre debe empezar por una letra. El símbolo aceptado para el inicio de un identificador es el guion bajo. A partir del segundo carácter se pueden usar letras, números o guiones bajos.

b. No debe contener espacios en blanco.

c. No debe contener caracteres especiales.

d. No debe ser una palabra reservada del lenguaje.

e. Tenga en cuenta que C# distingue entre mayúsculas y minúsculas, o sea, es Case Sensity.

f. El número máximo de caracteres es 511.

En el siguiente ejemplo haremos una lista de identificadores válidos y no válidos.

Un comercio ha puesto en oferta un producto: realiza un 10 % de descuento sobre el importe de la compra. Se pide determinar el importe de la compra, el del descuento y el importe que pagar por la compra de cierta cantidad de productos del mismo tipo.

VALORES DE ENTRADA Y SALIDA	POSIBLES IDENTIFICADORES VÁLIDOS	IDENTIFICADORES NO VÁLIDOS
Nombre del producto	producto, nomProducto	@producto_
Cantidad comprada	cantidad, unidades, cant	_ cantidad,
Precio del producto	precio, precio_producto,	precio del producto
Importe de compra	importeCompra, iCompra	iCompr@
Importe de descuento	importeDescuento, iDescuento	10%Descuento
Importe a pagar	importePagar, iPagar	Importe a pagar

3.8 Palabras reservadas

A continuación, una lista de palabras que no se pueden usar como variables ni nombres de objetos en C#:

abstract	event	namespace	static
as	explicit	new	string
base	extern	null	struct
bool	false	object	switch
break	finally	operator	this
byte	fixed	out	throw
case	float	override	true
catch	for	params	try
char	foreach	private	typeof
checked	goto	protected	uint
class	if	public	ulong
const	implicit	readonly	unchecked
continue	in	ref	unsafe
decimal	int	return	ushort
default	interface	sbyte	using
delegate	internal	sealed	virtual
do	is	short	void
double	lock	sizeof	volatile
else	long	stackalloc	while
enum			

Figura 3. Palabras reservadas en C#
Fuente: https://learn.microsoft.com/es-es/dotnet/csharp/language-reference/keywords/

3.9 Las variables

Una variable es un espacio de memoria designado a solicitud del programador. Esta separación de memoria se realiza cuando se declara la variable. El valor contenido en la variable es el literal de un determinado tipo de datos.

Su formato es:

TIPODATO VARIABLE;

Donde:

* **TipoDatos** representa a un tipo de datos. Antes de asignar un tipo primero debemos pensar en el valor que almacenará la variable y revisar la tabla de tipos de datos aceptados por C#.

- **Variable** representa el nombre de la variable. Si necesita especificar más de una, las puede separar por medio de comas.

Veamos un ejemplo en el que podamos declarar las variables que necesitemos:

Una editorial vende un libro cuyo precio unitario es S/120.50. Como oferta, se ofrece un descuento fijo del 12.5 % del importe de la compra. Además, la tienda regala un calendario por cada docena de productos adquiridos. Declare las variables necesarias para que se determine el importe de la compra, el importe del descuento, el total de calendarios y el importe neto que pagar por la compra de cierta cantidad de libros.

VALORES DE ENTRADA Y SALIDA	DECLARACIÓN DE VARIABLE
Nombre del libro	string libro;
Cantidad comprada	int cantidad;
Precio unitario	double pUnitario;
Importe de compra	double iCompra;
Importe de descuento	double iDescuento;
Total de calendarios	int totalCalendarios;
Importe neto a pagar	double iNeto;

Podríamos resumir la declaración en los siguientes grupos:

```
string libro;
int cantidad, totalCalendarios;
double pUnitario, iCompra, iDescuento, iNeto;
```

3.10 Ámbito de las variables en C#

El ámbito de una variable es la sección o zona de una aplicación en la que se define una o más variables son. Estas pueden ser definidas como locales, globales o estáticas.

a. Un ámbito local implica la declaración de una variable en un bloque de código. Esta solo será referenciada dentro de la misma, es decir, que el valor que contenga esa variable se perderá cuando el bloque finalice.

Este es el código de una aplicación Windows Forms en la que podemos declarar variables locales:

```
using System;
using System.Collections.Generic;
using System.ComponentModel;
using System.Data;
using System.Drawing;
using System.Linq;
using System.Text;
using System.Threading.Tasks;
using System.Windows.Forms;

namespace control_de_ventas
```

```
{
 public partial class frmPago : Form
 {
   public frmPago()
   {
      InitializeComponent();
   }

   private void Button1_Click(object sender, eventargs e)
   {
      //Declaración de variables locales en un objeto de tipo Button
   }

   void método1()
   {
      //Declaración de variables locales en un método sin valor de retorno
   }

   double método2()
   {
      //Declaración de variables locales en un método con valor de retorno
   }
 }
}
```

b. Una variable es global cuando es definida fuera de los bloques y ocupa una posición fija en la memoria. Su característica principal es que su valor puede ser modificado en cualquier bloque de código en cualquier momento.

Este es el código de una aplicación Windows Forms, en la que podemos declarar variables globales:

```
using System;
using System.Collections.Generic;
using System.ComponentModel;
using System.Data;
using System.Drawing;
using System.Linq;
using System.Text;
using System.Threading.Tasks;
using System.Windows.Forms;

namespace control_de_ventas
{
 public partial class frmPago : Form
 {
   //Declaración de variables GLOBALES
   string empleado;

   public frmPago()
   {
      InitializeComponent();
   }
 }
}
```

c. Las variables estáticas son valores permanentes y fijos dentro de la memoria. Pueden ser declaradas en un bloque de la aplicación o en la sección de declaración de globales.

Este es el código de una aplicación Windows Forms, en la que podemos declarar variables estáticas:

```csharp
using System;
using System.Collections.Generic;
using System.ComponentModel;
using System.Data;
using System.Drawing;
using System.Linq;
using System.Text;
using System.Threading.Tasks;
using System.Windows.Forms;

namespace pjEjercicio01
{
  public partial class frmPago : Form
  {
    //Declaración de variables estáticas en la sección GLOBAL
    static string empleado;

    public frmPago()
    {
        InitializeComponent();
    }

    private void Button1_Click(object sender, eventargs e)
    {
        //Declaración de variables estáticas en un objeto de tipo Button
    }

    void método1()
    {
        //Declaración de variables estáticas en un método sin valor de retorno
    }
  }
}
```

3.11 Operadores

Son símbolos que representan un enlace entre cada uno de los argumentos que necesiten una determinada operación. Normalmente se utilizan para implementar expresiones.

A. Operador de asignación

OPERADOR	DESCRIPCIÓN	EJEMPLO

=	Permite asignar un determinado valor a una variable. Hay que tener en cuenta que ese valor debe corresponder a un literal aceptado por el tipo de datos.	Ejemplo 1: asignación simple
		`int n;`
		`n = 10;`
		Ejemplo 2: asignación directa
		`int n = 10;`
		Ejemplo 3: asignación para expresión simple
		`double suma;`
		`suma = 10 + 12.5 + 15;`
		Ejemplo 4: asignación para expresión directa
		`double suma  = 10 + 12.5 + 15;`

B. Operadores aritméticos

OPERADOR	DESCRIPCIÓN	EJEMPLO

+	Representa la suma entre uno o más valores. Cuando los valores son de tipo cadena, el operador + se comporta como un elemento de concatenación.	`//Declarando variables`
		`int num1, num2, suma;`
		
		`//Asignando valores`
		`num1=10;`
		`num2=20;`
		
		`//Expresión de suma`
		`suma = num1 + num2;`

-	Representa la resta de dos valores en una expresión.	`//Declarando variables`
		`int num1, num2, resta;`
		
		`//Asignando valores`
		`num1=20;`
		`num2=10;`
		
		`//Expresión de resta`
		`resta = num1 - num2;`

*	Representa la multiplicación entre dos o más valores.	`//Declarando variables`
		`int num1, num2, producto;`
		
		`//Asignando valores`
		`num1=5;`
		`num2=6;`
		
		`//Expresión de multiplicación`
		`producto = num1 * num2;`

/	Representa la división entre dos valores en una expresión. Si los valores que dividir son números enteros, el resultado de la división será otro valor entero. Si uno de los elementos de la división es decimal, el resultado será decimal. Por ejemplo, la representación del 5 % podríamos realizarla de dos formas: 0.05, 5.0/100 o 5.0/100.0.	`//Declarando variables`
		`int monto, letras, cuota;`
		
		`//Asignando valores`
		`total = 1000.00;`
		`letras = 3;`
		
		`//Expresión de división`
		`cuota  = monto / letras;`

%	Representa el resto de la división entre dos valores en una expresión.	`//Declarando variables`
		`int num1, num2, resto;`
		
		`//Asignando valores`
		`num1=5;`
		`num2=2;`
		
		`//Expresión de resto`
		`resto = num1 % num2;`

3.12 Prioridad de los operadores aritméticos

Los operadores aritméticos permiten componer una expresión que devolverá un valor de tipo numérico o real. Para esto, como en todo proceso matemático, se debe tener en cuenta el orden de prioridad de los operadores que veremos a continuación:

OPERADOR	ORDEN DE PRIORIDAD
()	Los paréntesis son los operadores de más alto nivel de prioridad dentro de una expresión aritmética.
* /	Multiplicación y división
%	Resto de la división
+ -	Suma y resta

+Los paréntesis tienen la mayor prioridad en una expresión. Por lo tanto, se puede determinar el orden de la expresión agregando o quitando paréntesis según el valor esperado por el usuario.

Veamos cómo se representa una expresión aritmética en un código C#:

EXPRESIÓN ARITMÉTICA	CÓDIGO C#
$r = \dfrac{3}{4}x^2 y + 2xy$	`double r;` `r = (3/4) * (x*x*y) + (2*x*y);`
$v = 2\pi r - \pi r$	`double v;` `v = (2*3.1416*r) - (3.1416*r);`
$r = \dfrac{4}{x^2 - 2x} - \dfrac{2}{x - 2}$	`double r;` `r = (4/(x*x-2*x)) - 2/(x-2);`

3.13 Métodos matemáticos de .NET Framework

Existen métodos matemáticos implementados en el Framework de Visual Studio. Estos nos permitirán desarrollar expresiones trigonométricas, logarítmicas y otras funciones matemáticas comunes. Esta clase Math proviene del espacio de nombres System.

A continuación veremos los principales métodos de la clase Math:

MÉTODO	DESCRIPCIÓN	EJEMPLO
Abs	Método que determina el valor absoluto de un valor.	`int n=-10;` `int valorAbsoluto = Math.Abs(n);`

Ceiling	Método que determina el valor más pequeño que es mayor o igual que el número decimal especificado.	`double n = 2.1;`
		`int valorCeiling = (int) Math.Ceiling(n);`
		`//Resultado > 3`

Floor	Método que determina el valor más grande que es menor o igual que el número decimal especificado.	`double n = 2.7;`
		`int valorFloor = (int) Math.Floor(n);`
		`//Resultado > 2`

Max	Determina el mayor valor entre dos valores del mismo tipo.	`int n1=10, n2=20;` `int mayor = Math.Max(n1, n2);`
Min	Determina el menor valor entre dos valores del mismo tipo.	`int n1=10, n2=20;` `int menor = Math.Min(n1, n2);`

Pow	Determina el valor de la potencia entre un número y su base.	`//Elevando un número al cuadrado`
		`int n=2;`
		`int potencia = (int)Math.Pow(n,2);`
		
		`//Raíz al cubo de un número`
		`int n=3;`
		`double raizC= Math.Pow(n, 1.0/3);`
		`//Respuesta > 1.44224957030741`

Round	Determina el redondeo de un valor al integral más próximo.	`double n = 2.675;`
		`double valorR = Math.Round(n,2);`
		`//Respuesta > 2.68`

Sqrt	Determina la raíz cuadrada de un valor.	`double n = 2;`
		`double raizC = Math.Sqrt(n);`
		`//Respuesta > 1.4142135623731`

E	Representa la base logarítmica natural, especificada para la constante e.	`double e = Math.E;` `//Respuesta > 2.71828182845905`
PI	Representa el valor de PI.	`double e = Math.PI;` `//Respuesta > 3.14159265358979`

Veamos cómo se representa una expresión aritmética con código C# usando los métodos de la clase Math.

EXPRESIÓN ARITMÉTICA	CÓDIGO C#
$r = \dfrac{3}{4}x^2 y + 2xy$	`double r;` `r = (3/4) * (Math.Pow(x,2)*y) + (2*x*y);`
$v = 2\,\pi r - \pi r$	`double v;` `v = (2*Math.PI*x) - (Math.PI * r);`

3.14 Conversiones de tipos en C#

Las conversiones de tipos son las realizadas a un valor previamente declarado como un tipo de dato.

Veamos cuándo es necesario realizar una conversión:

a. Si se declara una variable como entera y el valor entero viene representado como cadena.

b. Cuando se necesite concatenar o imprimir un valor numérico en una cadena de texto.

c. Cuando dos valores numéricos necesiten concatenarse y no sumarse.

d. Cuando el resultado de una expresión es diferente del tipo de datos declarado.

e. Cuando la función envía un valor de retorno en un tipo de datos específico.

Para todos estos casos existen categorías de conversiones. Las veremos a continuación.

3.14.1 Conversión implícita

Son las que se realizan con seguridad de tipos y sin pérdida de valor.

```
int n =  32767;  //Tipo original
long nLargo = n;  //Tipo destino
```

```
//Resultado nLargo = 32767
```
El valor 32767, asignado inicialmente a la variable n, es asignado a la variable nLargo de tipo long, el cual pasa esa información sin perder precisión en el dato.

Veamos una lista de conversiones numéricas implícitas:

TIPO ORIGINAL	TIPO DESTINO
Sbyte	short , int, long, float, double o decimal
Byte	short , ushort, int, uint, long, ulong, float, double o decimal
short	int , long, float, double o decimal
ushort	int , uint, long, ulong, float, double o decimal
Int	long , float, double o decimal

Uint	long , ulong, float, double o decimal
Long	float , double o decimal
char	ushort , int, uint, long, ulong, float, double o decimal
float	Double
ulong	float , double o decimal

El tipo original representa el tipo de dato inicial. El tipo destino representa el que queremos convertir. Si consultamos la tabla, notamos que existen conversiones implícitas que no necesitan de una función para convertirlas.

3.14.2 Conversión explícita

Son las que se realizan con seguridad de tipos y con pérdida de valor. Cuando se necesita el valor perdido es mejor usar una función de conversión.

```
double valor =  16.78;  //Tipo original
int valorEntero = (int) valor;  //Tipo destino

//Resultado valorEntero > 16
```

El valor 16.78, asignado inicialmente a la variable valor, es adjudicado a la variable valorEntero de tipo int. Por ser de tipo inferior, el valor pasa perdiendo la precisión de los valores decimales en el dato.

Veamos una lista de conversiones numéricas explícitas:

TIPO ORIGINAL	TIPO DESTINO
sbyte	byte, ushort, uint, ulong o char
byte	Sbyte o char
short	sbyte, byte, ushort, uint, ulong o char
ushort	sbyte, byte, short o char
int	sbyte, byte, short, ushort, uint, ulong,o char
uint	sbyte, byte, short, ushort, int o char
Long	sbyte, byte, short, ushort, int, uint, ulong o char
ulong	sbyte, byte, short, ushort, int, uint, long o char
char	sbyte, byte o short
float	sbyte, byte, short, ushort, int, uint, long, ulong, char o decimal
double	sbyte, byte, short, ushort, int, uint, long, ulong, char, float o decimal
decimal	sbyte, byte, short, ushort, int, uint, long, ulong, char, float o double

3.14.3 Conversión definida por el usuario

En este caso el programador decide qué tipo de datos desea convertir. Hemos de tener en cuenta que el programador conoce la lista de conversiones implícitas y explícitas, y que además reconoce el tipo original y el destino del dato.

3.14.4 Conversión mediante el método Parse

Veamos una tabla que muestra las principales conversiones:

MÉTODO PARSE	DESCRIPCIÓN	EJEMPLO
Int.Parse()	Convierte el valor de una cadena en un valor numérico de tipo entero.	`string n = "20";` `int número = int.Parse(n);`
Int32.Parse()	Convierte el valor de una cadena en un valor numérico de tipo entero de 32 bits.	`string n = "20";` `Int32 número = Int32.Parse(n);`
Int64.Parse()	Convierte el valor de una cadena en un valor numérico de tipo entero de 64 bits.	`string n = "20";` `Int64 número = Int64.Parse(n);`
Double.Parse()	Convierte el valor de una cadena en un valor numérico de tipo double.	`string n = "14.5";` `double número = Double.Parse(n);`

DateTime.parse()	Convierte el valor de una cadena en un valor de tipo fecha.	`string valor = "10/10/2024";`
		`DateTime fecha = DateTime.Par-`
		`se(valor);`

3.14.5 Conversión mediante la clase Convert

Convert es una clase que proporciona una serie completa de métodos para las conversiones compatibles. La clase Convert realiza conversiones comprobadas y siempre produce una excepción si no se admite la conversión.

Puede pasar el valor que desea convertir a uno de los métodos adecuados de la clase Convert e inicializar el valor devuelto en una nueva variable.

Veamos una tabla de las principales conversiones de la clase:

TIPO	MÉTODO	DESCRIPCIÓN

decimal	Convert.ToDecimal()	Convierte cualquier valor de tipo numérico a tipo decimal. Por ejemplo:
		`int n = 1500;`
		`decimal valorDecimal = Convert.ToDecimal (n);`

double	Convert.ToDouble()	Convierte cualquier valor de tipo numérico a tipo double. Por ejemplo:
		`int n = 1500;`
		`double valorDoble = Convert.ToDouble (n);`

short	Convert.ToInt16()	Convierte cualquier valor de tipo numérico a tipo short. Por ejemplo:
		`int n = 50;`
		`short valorCorto = Convert.ToInt16 (n);`

int	Convert.ToInt32()	Convierte cualquier valor de tipo numérico a tipo int. Por ejemplo:
		`double n = 1500;`
		`int valorEntero= Convert.ToInt32(n);`

long	Convert.ToInt64()	Convierte cualquier valor de tipo numérico a tipo long. Por ejemplo:
		`int n = 1500;`
		`long valorLargo = Convert.ToLong(n);`

3.14.6 Conversión implícita de tipos

En Visual C# existe un tipo de dato implícito que se asigna con solo recibir un determinado valor; es decir, el compilador deducirá qué tipo de datos de la variable usar a partir de un valor de inicialización. Se recomienda usarlo cuando el programador no esté seguro del tipo de datos que le asignará a una variable. Su formato es:

```
var nombre_variable = valor;
```

Donde:

- **var** es el nombre de la función de conversión implícita de tipos.

- **nombre_variable** representa el nombre de la variable. Para este tipo de asignación solo se puede dar valor a una sola variable.

- **valor** representa el valor asignado a la variable. También define el tipo de datos de la variable.

Veamos un ejemplo en el que se usa la conversión implícita de tipos.

Una empresa de confección de prendas paga a sus operarios de sueldo base $450.00. El sueldo bruto es igual al sueldo base más una comisión, que es igual al 12 % del total producido. Por ley, todo operario recibe un descuento del 7.2 %. Determine las variables y sus tipos para calcular la comisión, el sueldo bruto, el descuento y el sueldo neto de un determinado operario.

```csharp
//Asignando valores iniciales
var nombre = "Marisol Diaz";
var básico = 450;
var totalProducido = 10500;

//Realizando los cálculos del problema
var comisión = (12.0 / 100) * totalProducido;
var sueldoBruto = básico + comisión;
var descuento = sueldoBruto * (7.2/100);
var sueldoNeto = sueldoBruto - descuento;

//Impriendo resultados solicitados
MessageBox.Show("Comisión: " + comisión);
MessageBox.Show("Sueldo Bruto: " + sueldoBruto);
MessageBox.Show("Descuento: " + descuento);
MessageBox.Show("Sueldo Neto: " + sueldoNeto);
```

3.15 Clase String

Representa una cadena de caracteres. Puede contener todo tipo de valores: textos, números, símbolos, etc. Internamente esta cadena se almacena de forma secuencial en objetos de tipo Char; es decir, una cadena de caracteres es una composición de elementos Char.

Debemos tener en cuenta que la palabra *string* es un alias de String, por lo tanto es equivalente hacer referencia a ambos en el momento de declarar una variable.

A. Propiedades de la clase String

PROPIEDAD	DESCRIPCIÓN
| Length | Determina el número total de caracteres contenidos en una cadena. Veamos cómo determinar el total de caracteres de una cadena:<br><br>```csharp
string cadena = "Visual C#"; ;
MessageBox.Show(cadena.Length.ToString());
```<br>Ahora veamos cómo mostrar, caracter por caracter, una cadena:<br><br>```csharp
string cadena = "Visual C#"; ;
for (int i = 0; i < s.Length; i++)
    MessageBox.Show(cadena[i].ToString());
``` |

B. Métodos de la clase String

MÉTODO	DESCRIPCIÓN
| Concat | Método que permite unir o concatenar dos o más cadenas de caracteres. Lo utilizaremos, por ejemplo, para unir tres palabras e imprimirlas en una sola instrucción.<br><br>```csharp
string cadena1 = "Visual";
string cadena2 = "Studio";
string cadena3 = "2022";

MessageBox.Show(String.Concat(cadena1, " ",
                              cadena2, " ", cadena3));
``` |
| Equals | Determina si una cadena tiene el valor especificado. Lo utilizaremos, por ejemplo, para comprobar que la categoría de un producto sea "Lácteos".<br><br>```csharp
string producto = "Leche sin lactosa";
string categoría = "Lácteos";
if (categoría.Equals("Lácteos"))
    MessageBox.Show("El producto es un Lácteo");
``` |
| StartsWith | Determina los caracteres de inicio de una cadena de caracteres. Lo utilizaremos, por ejemplo, cuando queramos buscar los empleados cuya letra inicial sea "M".<br><br>```csharp
string empleado = "Marisol Diaz Zambrano";
if (empleado.StartsWith("M"))
    MessageBox.Show("El empleado inicia con M");
``` |
| SubString | Recupera una subcadena de una cadena de caracteres. Lo utilizaremos, por ejemplo, si tenemos el siguiente código de empleado EMP0001 y solo queremos recuperar la parte numérica.<br><br>```csharp
string código = "EMP0001";
int n = int.Parse(código.Substring(3, 4));
MessageBox.Show("La parte numérica del código es: "+n);
``` |
| ToLower | Devuelve una copia de la cadena en minúsculas. Lo utilizaremos, por ejemplo, si queremos convertir el correo electrónico registrado por un usuario en minúsculas.<br><br>```csharp
string correo = "MDIAZ@GMAIL.COM";
string correoVálido = correo.ToLower();
MessageBox.Show("El correo es: "+correoVálido);
``` |
```

ToString		Asigna el formato de salida tipo cadena a una variable. Aquí podemos especificar un determinado formato de salida.

TIPO	MÉTODO	DESCRIPCIÓN

C	Moneda	```double sueldo = 1000```
		
		```MessageBox.Show(sueldo.ToString("C"));```
		
		```//Resultado > $ 1000.00```

D	Dimencial	```double n = 10;```
		
		```MessageBox.Show(n.ToString("D5"));```
		
		```//Resultado > 00010```

F	Punto fijo	```doble porcentaje = 12;```
		
		```MessageBox.Show(porcentaje.```
		```ToString("F2"));```

ToUpper	Devuelve una copia de la cadena en minúsculas. Lo utilizaremos, por ejemplo, si queremos convertir a mayúscula el apellido paterno de un usuario.
	
	```string paterno = "zamora";```
	```string paternoMayuscula = paterno.ToUpper();```
	```MessageBox.Show("Paterno: "+paternoMayuscula);```

Trim	Elimina los caracteres del lado derecho e izquierdo de una cadena de caracteres. Lo utilizaremos, por ejemplo, si queremos eliminar los espacios en blanco de una cadena.
	
	```string cadena = " RESUMEN DE VENTA ";```
	```MessageBox.Show("Cadena: "+cadena.Trim());```

3.16 La clase MessageBox

Representa una ventana de salida de tipo mensaje. Es conocido también como cuadro de diálogo de tipo mensaje. Esta ventana se caracteriza por bloquear el proceso de una aplicación hasta que el usuario no cierre el mensaje. Por esta característica es llamada ventana modal.

A. ¿En qué ocasión puedo usar una ventana de diálogo de mensaje?

   a. Para mostrar un mensaje al usuario que puede ser informativo, de error o de advertencia.

   b. Para enviar una pregunta al usuario y que este responda por medio de botones dentro del mensaje.

- **Formato básico para un mensaje simple**

```
MessageBox.Show("Mensaje simple al usuario");
```

- **Formato para un mensaje con título en la ventana**

```
MessageBox.Show("Mensaje", "TítuloVentana");
```

- **Formato para un mensaje con botones**

```
MessageBox.Show("Mensaje","Título",MessageBoxButtons.Botón);
```

- **Formato para un mensaje con botones e íconos**

```
MessageBox.Show("Mensaje","Título",
                MessageBoxButtons.Botón,
                MessageBoxIcon.ícono);
```

- **Formato para obtener una respuesta del usuario**

```
DialogResult r=MessageBox.Show("Mensaje","Título",
                    MessageBoxButtons.Botón,
                    MessageBoxIcon.ícono);
```

Donde:

- **Mensaje** es el mensaje o comentario que se muestra al usuario.

- **Título** es un texto que se muestra en la barra de título del cuadro de diálogo de mensaje.

- **MessageBoxButtons** representa a un conjunto de botones permitidos en el cuadro de diálogo de mensaje. Veamos la lista de botones permitidos:

BOTÓN	DESCRIPCIÓN	IMAGEN
OK	Representa el botón **Aceptar,** el cual también es considerado como el predeterminado en el cuadro de diálogo de mensaje.	Aceptar
OKCancel	Representa los botones **Aceptar** y **Cancelar** dentro del cuadro de diálogo de mensaje.	Aceptar Cancelar
YesNo	Representa a los botones **Sí** y **No** dentro del cuadro de diálogo de mensaje. Para representar la selección de un botón tenemos: `DialogResult.Yes` `DialogResult.No`	Sí No
YesNoCancel	Representa a los botones **Sí**, **No** y **Cancelar** del cuadro de diálogo de mensaje.	Sí No Cancelar

- **MessageBoxIcon** representa un conjunto de íconos permitidos en el cuadro de diálogo de mensaje. Veamos la lista de íconos permitidos:

ÍCONO	DESCRIPCIÓN	IMAGEN
Error	Se muestra un símbolo, que consiste en una X blanca en un círculo con fondo rojo, dentro del cuadro de diálogo de mensaje.	
Exclamation	Se muestra un símbolo, que consiste en un signo de exclamación en un triángulo con fondo amarillo, y que está dentro del cuadro de diálogo de mensaje.	
Information	Se muestra un símbolo, que consiste en una letra i minúscula en un círculo, dentro del cuadro de diálogo de mensaje.	
None	No muestra ningún símbolo.	
Question	Se muestra un símbolo que consiste en un signo de interrogación en un círculo dentro del cuadro de diálogo de mensaje.	

3.17 Caso resuelto 1: pago de empleados

Una empresa peruana de fabricación de productos deportivos necesita una aplicación que le permita calcular el pago mensual que corresponde a sus empleados. El pago se inicia con el sueldo básico, que se calcula a partir del número de horas trabajadas y una tarifa horaria que varía según el empleado. Adicionalmente, al sueldo básico se le aplica una bonificación especial del 20 %, y así se obtiene así el sueldo bruto. A este último, finalmente, se le debe calcular el sueldo neto, al cual se le aplica un descuento por ley correspondiente al 12 % del sueldo bruto.

Usted tiene que:

a. Diseñe la interfaz gráfica de usuario adecuada para el caso.

b. Mostrar los datos del empleado, las horas trabajadas y el coste por hora.

c. Mostrar el sueldo básico, el sueldo bruto, el monto del descuento y el sueldo neto de un empleado.

Veamos la solución:

1. Cree una solución llamada **Laboratorio03.**
2. Agregue un proyecto de tipo **Windows Form(.Net Framework)** para C# llamado **Control de pago.**
3. Agregue un formulario al proyecto llamado **frmPago.** El explorador de proyectos debe mostrarse de la siguiente manera:

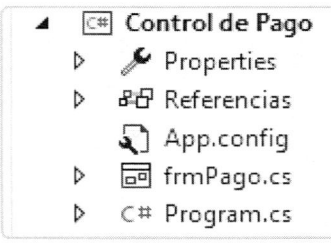

4. Diseñe la GUI del caso como se muestra en la siguiente imagen:

Figura 4. Formulario de pago a empleados

5. Modifique las propiedades de los controles.

CONTROL	PROPIEDAD	VALOR
Form1	(Name)	frmPago
	Text	Control de pago de empleados
	AcceptButton	btnProcesar
Label1	Text	CONTROL DE PAGO DE EMPLEADOS
Label2	Text	EMPLEADO
Label3	Text	HORAS TRABAJADAS
+Label4	Text	COSTE HORA
Label5	Text	MONTO BRUTO
Label6	Text	MONTO DESCUENTO
Label7	(Name)	lblPrecioBruto
	Text	Dejar vacío
	BorderStyle	FixedSingle
Label8	(Name)	LblMontoDescuento
	Text	Dejar vacío
	BorderStyle	FixedSingle
Label9	Text	NETO
Label10	(Name)	lblMontoNeto
	Font	Fuente: Tahoma – Tamaño: 24 - Negrita
	Text	Dejar vacío
	BorderStyle	FixedSingle
Textbox1	(Name)	txtEmpleado

Textbox2	(Name)	txtHoras
Textbox3	(Name)	txtCoste
Button1	(Name)	bntProcesar
	Text	PROCESAR
Button2	(Name)	btnLimpiar
	Text	LIMPIAR
Button3	(Name)	btnSalir

6. La interfaz quedaría así:

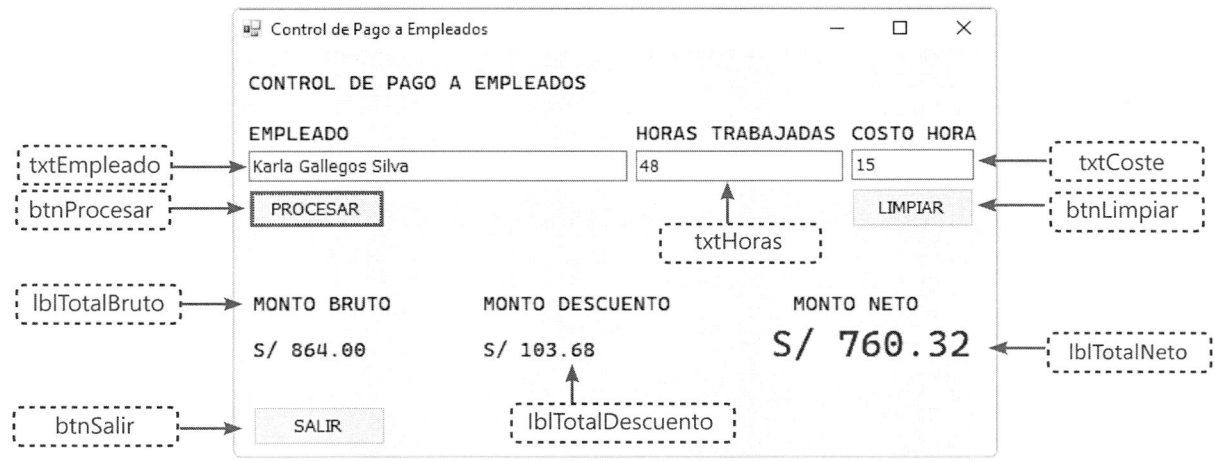

Figura 5. Formulario de control de pago

7. Agregue el siguiente código de solución. Aquí se recomienda hacer doble clic en los botones **PROCESAR**, **LIMPIAR** y **SALIR**.

```
using System;
using System.Collections.Generic;
using System.ComponentModel;
using System.Data;
using System.Drawing;
using System.Linq;
using System.Text;
using System.Threading.Tasks;
using System.Windows.Forms;

namespace Control_de_Pago
{
    public partial class frmPago : Form
    {
        public frmPago()
        {
            InitializeComponent();
        }

        private void btnProcesar_Click(object sender, EventArgs e)
        {
            //Recuperando la información registrada
            string empleado = txtEmpleado.Text;
```

```
            int horas = int.Parse(txtHoras.Text);
            double  = double.Parse(txtCoste.Text);

            //Realizando los cálculos
            double sueldoBásico = horas * ;
            double bonificación = 20.0 / 100 * sueldoBásico;
            double sueldoBruto = sueldoBásico + bonificación;
            double descuento = sueldoBruto * 12.0 / 100;
            double sueldoNeto = sueldoBruto - descuento;

            //Imprimiendo resultados
            lblTotalBruto.Text = sueldoBruto.ToString("C");
            lblTotalDescuento.Text = descuento.ToString("C");
            lblTotalNeto.Text = sueldoNeto.ToString("C");
        }

        private void btnLimpiar_Click(object sender, EventArgs e)
        {
            txtEmpleado.Clear();
            txtHoras.Clear();
            txtCoste.Clear();
            lblTotalBruto.Text = "";
            lblTotalDescuento.Text = "";
            lblTotalNeto.Text = "";
            txtEmpleado.Focus();
        }
        private void btnSalir_Click(object sender, EventArgs e)
        {
            DialogResult r = MessageBox.Show("¿Está seguro de salir?",
                                "Control de pago",


                                MessageBoxButtons.YesNo,
                                MessageBoxIcon.Information);
            if (r == DialogResult.Yes)
                this.Close();
        }
    }
}
```

8. Antes de ejecutar la aplicación, indique qué formulario debe iniciar. Para eso tiene que acceder al archivo **Program.cs,** que se encuentra en el explorador de proyectos.

```
using System;
using System.Collections.Generic;
using System.Linq;
using System.Threading.Tasks;
using System.Windows.Forms;

namespace Control_de_Pago
{
    internal static class Program
    {
        /// <summary>
        /// Punto de entrada principal para la aplicación.
        /// </summary>
        [STAThread]
```

```
        static void Main()
        {
            Application.EnableVisualStyles();
            Application.SetCompatibleTextRenderingDefault(false);
            Application.Run(new frmPago());
        }
    }
}
```

9. Finalmente, pulse **F5** para probar la aplicación.

3.18 Caso resuelto 2: control de medidas

La empresa ManRud, dedicada al sector de la sastrería para varones, va a ampliar su línea de negocio a otros países. Desde allí le llegan solicitudes de presupuesto basados en varios sistemas de medición. Implemente una aplicación que permita convertir una cantidad dada en metros a su equivalente en centímetros, pulgadas, pies y yardas, a partir de la siguiente tabla de conversión:

1 metro = 100 centímetros

1 pie = 12 pulgadas

1 yarda = 3 pies

1 pulgada = 2.54 centímetros

Debe tener en cuenta lo siguiente:

a. Diseñar la interfaz gráfica de usuario adecuada para el caso.

b. Mostrar los datos resultantes en un control cuadro de lista (ListBox).

Veamos la solución:

1. Cree una solución llamada **Laboratorio03** (use el proyecto del caso resuelto 1).

2. Agregue un proyecto de tipo **Windows Form(.Net Framework)** para C# llamado **Control de medidas.**

3. Agregue un formulario al proyecto llamado **frmMedidas.** El explorador de proyectos debe mostrarse de la siguiente manera:

4. Diseñe la GUI del caso como se muestra en la siguiente imagen:

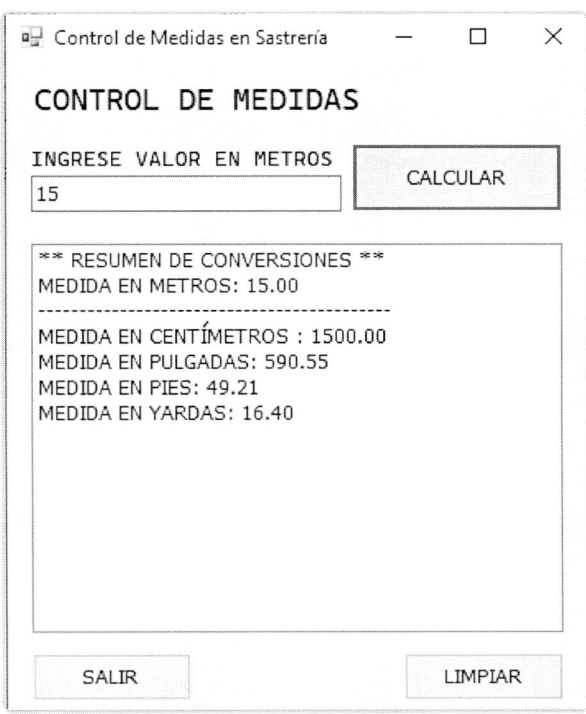

Figura 6. Formulario de control de medidas

5. Modifique las propiedades de los controles.

CONTROL	PROPIEDAD	VALOR
Form1	(Name)	frmMedidas
	Text	Control de medidas en Sastrería
Label1	Text	CONTROL DE MEDIDAS
Label2	Text	INTRODUZCA VALOR EN METROS
Textbox1	(Name)	txtMetros
Button1	(Name)	bntCalcular
	Text	CALCULAR
Button2	(Name)	btnLimpiar
	Text	LIMPIAR
Button3	(Name)	btnSalir
	Text	SALIR
ListBox1	(Name)	lstR

6. Finalmente, la interfaz quedaría de la siguiente forma:

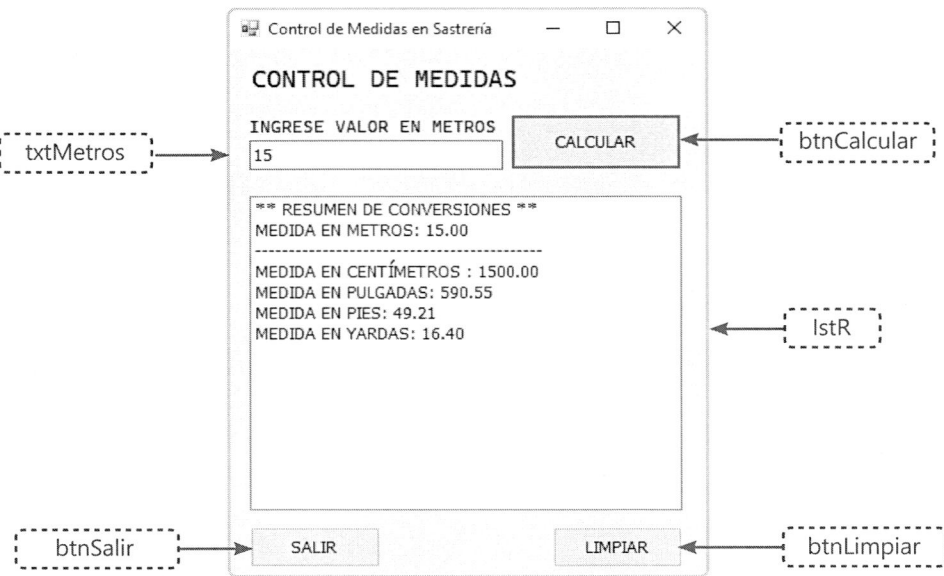

Figura 7. Formulario de control de medidas

7. Agregue el siguiente código de solución. Aquí se recomienda hacer doble clic en los botones **CALCULAR**, **LIMPIAR** y **SALIR**.

```csharp
using System;
using System.Collections.Generic;
using System.ComponentModel;
using System.Data;
using System.Drawing;
using System.Linq;
using System.Text;
using System.Threading.Tasks;
using System.Windows.Forms;

namespace Control_de_Medidas
{
    public partial class frmMedidas : Form
    {
        public frmMedidas()
        {
            InitializeComponent();
        }

        private void btnCalcular_Click(object sender, EventArgs e)
        {
            //Capturando el valor en metros
            double metros = double.Parse(txtMetros.Text);

            //Realizando conversiones
            double centímetros = metros * 100;
            double pulgadas = centímetros / 2.54;
            double pies = pulgadas / 12;
            double yardas = pies / 3;

            //Mostrando los resultados de la conversión
```

```
        lstR.Items.Add("** RESUMEN DE CONVERSIONES **");
        lstR.Items.Add("MEDIDA EN METROS: " + metros.ToString("0.00"));
        lstR.Items.Add("------------------------------------------");
      lstR.Items.Add("MEDIDA EN CENTÍMETROS : " + centímetros.ToString("0.00"));
        lstR.Items.Add("MEDIDA EN PULGADAS: " + pulgadas.ToString("0.00"));
        lstR.Items.Add("MEDIDA EN PIES: " + pies.ToString("0.00"));
        lstR.Items.Add("MEDIDA EN YARDAS: " + yardas.ToString("0.00"));
    }

    private void btnLimpiar_Click(object sender, EventArgs e)
    {
        txtMetros.Clear();
        lstR.Items.Clear();
        txtMetros.Focus();
    }

    private void btnSalir_Click(object sender, EventArgs e)
    {
        DialogResult r = MessageBox.Show("¿Está seguro de salir?", "Medidas",
                        MessageBoxButtons.YesNo,
                        MessageBoxIcon.Information);
        if (r == DialogResult.Yes) this.Close();
    }


    }
}
```

8. Debe cambiar el proyecto de inicio, para lo cual haga clic derecho sobre el proyecto **Control de medidas** y seleccione **Establecer como proyecto de inicio.**

9. Antes de ejecutar la aplicación, indique qué formulario debe iniciar. Para eso debe entrar en el archivo **Program.cs,** que se encuentra en el explorador de proyectos.

```
using System;
using System.Collections.Generic;
using System.Linq;
using System.Threading.Tasks;
using System.Windows.Forms;

namespace Control_de_Medidas
{
    internal static class Program
    {
        /// <summary>
        /// Punto de entrada principal para la aplicación.
        /// </summary>
        [STAThread]
        static void Main()
        {
            Application.EnableVisualStyles();
            Application.SetCompatibleTextRenderingDefault(false);
            Application.Run(new frmMedidas());
        }
    }
}
```

10. Finalmente, pulse **F5** para probar la aplicación.

3.19 Caso resuelto 3: control de área y volumen

Kimberly-Clark, una empresa peruana líder en productos de consumo para el cuidado y la higiene personal y familiar, necesita una aplicación que permita calcular el área total y el volumen de los nuevos rollos de papel higiénico que lanzará al mercado. Implementaremos una aplicación que calcule el área total y el volumen de un rollo de papel a partir de una altura y un diámetro, para lo cual emplearemos las siguientes fórmulas:

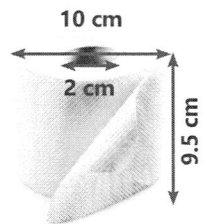

$$\text{Área} = 2\pi r(r+h)$$

$$\text{Volumen} = \pi r^2 h$$

Tiene que:

a. Diseñar la interfaz gráfica de usuario adecuada para el caso.

b. Mostrar los resultados de la aplicación en un cuadro de texto.

Veamos la solución:

1. Cree una solución llamada **Laboratorio03** (usa el proyecto del caso resuelto 1).

2. Agregue un proyecto de tipo **Windows Form(.Net Framework)** para C# llamado **Control de áreas.**

3. Agregue un formulario al proyecto llamado **frmRollos**. El explorador del proyectos debe mostrarse de la siguiente manera:

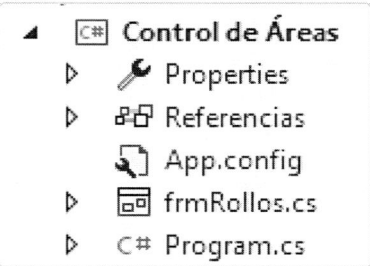

4. Diseñe la GUI del caso, como se muestra en la siguiente imagen:

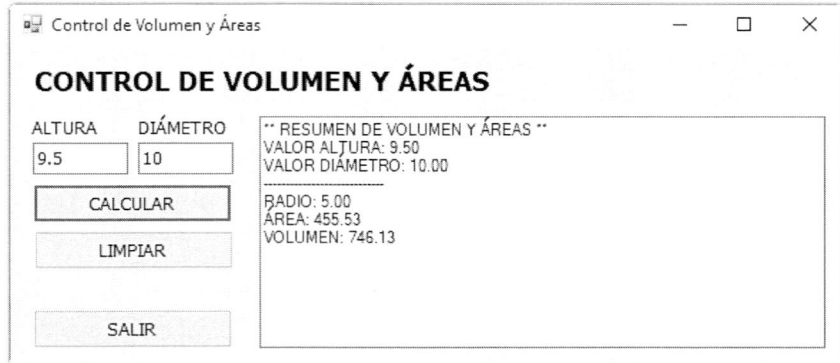

Figura 8. Formulario de control de áreas

5. Modifique las propiedades de los controles.

CONTROL	PROPIEDAD	VALOR
Form1	(Name)	frmRollos
	Text	Control de volumen y áreas
PictureBox	BackgroundImage	Seleccione una imagen
	BackgroundImageLayout	Stretch
Label1	Text	CONTROL DE VOLUMEN Y ÁREAS
Label2	Text	ALTURA
Label3	Text	DIÁMETRO
Textbox1	(Name)	txtAltura
Textbox2	(Name)	txtDiámetro
Textbox3	(Name)	txtR
	MultiLine	True
Button1	(Name)	bntCalcular
	Text	CALCULAR
Button2	(Name)	btnLimpiar
	Text	LIMPIAR
Button3	(Name)	btnSalir
	Text	SALIR

6. La interfaz quedaría de la siguiente forma:

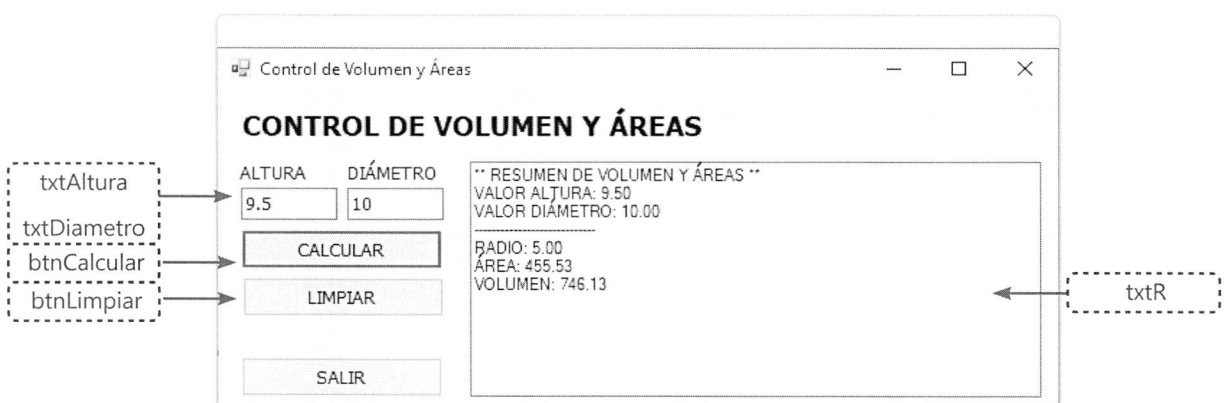

Figura 9. Formulario de control de áreas

7. Agregue el siguiente código de solución. Aquí se recomienda hacer doble clic en los botones **CALCULAR**, **LIMPIAR** y **SALIR**.

```
using System;
using System.Collections.Generic;
using System.ComponentModel;
using System.Data;
using System.Drawing;
using System.Linq;
```

```csharp
using System.Text;
using System.Threading.Tasks;
using System.Windows.Forms;

namespace Control_de_Áreas
{
    public partial class frmRollos : Form
    {
        public frmRollos()
        {
            InitializeComponent();
        }

        private void btnCalcular_Click(object sender, EventArgs e)
        {
            //Capturando los valores
            double altura = double.Parse(txtAltura.Text);
            double diámetro = double.Parse(txtDiámetro.Text);

            //Realizando los cálculos
            double radio = diámetro / 2;
            double área = (2 * Math.PI * radio) * (radio + altura);
            double volumen = Math.PI * Math.Pow(radio, 2) * altura;

            //Mostrando los resultados en el cuadro de texto
            txtR.Text = "** RESUMEN DE VOLUMEN Y ÁREAS **";
            txtR.Text += "\r\nVALOR ALTURA: " + altura.ToString("0.00");
            txtR.Text += "\r\nVALOR DIÁMETRO: " + diámetro.ToString("0.00");
            txtR.Text += "\r\n--------------------------";
            txtR.Text += "\r\nRADIO: " + radio.ToString("0.00");
            txtR.Text += "\r\nÁREA: " + area.ToString("0.00");
            txtR.Text += "\r\nVOLUMEN: " + volumen.ToString("0.00");
        }

        private void btnLimpiar_Click(object sender, EventArgs e)
        {
            txtAltura.Clear();
            txtDiámetro.Clear();
            txtR.Clear();
            txtAltura.Focus();
        }

        private void btnSalir_Click(object sender, EventArgs e)
        {
        DialogResult r = MessageBox.Show("¿Está seguro de salir?", "Áreas y Volumen",
                            MessageBoxButtons.YesNo,
                            MessageBoxIcon.Information);
            if (r == DialogResult.Yes) this.Close();


        }
    }
}
```

8. Se debe cambiar el proyecto de inicio. Haga clic derecho sobre el proyecto **Control de áreas** y seleccione **Establecer como proyecto de inicio.**

9. Antes de poner a funcionar la aplicación, indique qué formulario tiene que iniciar. Para eso debemos entrar en el archivo **Program.cs,** que se encuentra en el explorador de proyectos.

```csharp
using System;
using System.Collections.Generic;
using System.Linq;
using System.Threading.Tasks;
using System.Windows.Forms;

namespace Control_de_Áreas
{
    internal static class Program
    {
        /// <summary>
        /// Punto de entrada principal para la aplicación.
        /// </summary>
        [STAThread]
        static void Main()
        {
            Application.EnableVisualStyles();
            Application.SetCompatibleTextRenderingDefault(false);
            Application.Run(new frmRollos());
        }
    }
}
```

10. Finalmente, presione **F5** para probar la aplicación.

CAPÍTULO 4

Estructuras de decisión

4.1 Introducción

Cuando se implementa una aplicación en C# hemos de tener en cuenta que, para finalizar una expresión o línea de código, hay que insertar punto y coma, que eso forma parte de la sentencia. Al conjunto de sentencias, una a continuación de la otra, se le llama estructura secuencial.

Una estructura secuencial se caracteriza por realizar operaciones de forma sucesiva de arriba hacia abajo. Pero no todos los casos pueden resolverse empleando esta estructura, ya que en algún momento debemos tomar una decisión, y es allí donde aplicaremos las sentencias selectivas, también llamadas condicionales. El programador a veces tiene que elegir: ¿en qué lenguaje de programación vamos a desarrollar la aplicación? ¿Qué sistema de gestor de base de datos usaremos? ¿Qué tipo de aplicación desarrollaremos?

Las estructuras condicionales pueden ser simples, dobles, enlazadas y doblemente enlazadas.

4.2 Operadores de relación

El uso de una estructura condicional tiene como base la implementación de la condición, ya que es por ahí por donde la estructura fluye durante el proceso de la aplicación. Veamos la lista de operadores válidos para C#:

OPERADOR	DEFINICIÓN	EJEMPLO

>	Mayor que	Determina si el sueldo de un empleado es superior a S/4500.00.
		
		``
		double sueldo = 4500;
		if (sueldo > 4500)
		``
		
		Determina si un candidato a una beca es mayor de edad (asumiendo que una persona es considerada mayor de edad cuando tiene 18 años o más).
		
		``
		int edad = 23;
		if (edad>17)
		``

>=	Mayor o Igual que	Determina si el sueldo de un empleado es superior a S/4500.00.
		
		``
		double sueldo =5000;
		if (sueldo >= 4500)
		``
		
		Determina si un candidato a una beca es mayor de edad (asumiendo que una persona es considerada mayor de edad cuando tiene 18 años o más).
		
		``
		int edad = 23;
		if (edad >= 18)
		``

<	Menor que	Determina si el precio de un producto es inferior a S/20.00.
		
		``
		double precio = 50;
		if (precio < 20)
		``
		
		Determina si el promedio de nota de un alumno se considera que ha suspendido (es decir, la nota media debe ser menor a 12.5).
		
		``
		double promedio = 17.10;
		if (promedio < 12.50)
		``

<=	Menor o Igual que	Determina si el precio de un producto es inferior a S/20.00.
		
		``
		double precio = 50;
		if (precio <= 19.99)
		``
		
		Determina si el promedio de nota de un alumno se considera que ha suspendido (es decir, ese promedio debe ser menor a 12.5).
		
		``
		double promedio = 17.10;
		if (promedio <= 12.49)
		``

==	Igual	Compara si la categoría de un producto en una tienda es considerada como bebida.
		
		`+double  categoría = "Bebidas";`
		`if (categoría =="Bebidas")`
		
		Determina si la cantidad de productos comprados en una tienda resulta 20.
		`int cantidad = 20;`
		`if (cantidad == 20)`

!=	Diferente o no es igual	Determina si la categoría de un empleado es diferente a la descripción "Operario".
		`string categoría ="Operario";`
		`if (categoría != "Operario")`

?	Condicional	Permite devolver uno de dos valores especificados en una sola sentencia condicional.
		
		Determina si la nota obtenida por un alumno en una evaluación es aprobada o no. Ten en cuenta que la nota mínima para aprobar es 12.5.
		`double nota = 20;`
		`string condición = nota < 12.5 ? "Desaprobado":"Aprobado";`

4.3 Operadores lógicos

Los operadores lógicos cumplen un papel importante en la implementación de la condición en una estructura selectiva, pues permitirán unir dos o más condiciones. De esta forma la condición contará con más criterios de evaluación. Hay que tener en cuenta que el resultado adecuado dependerá del orden de prioridad de los operadores usados en la condición.

OPERADOR	DEFINICIÓN	EJEMPLO

&&	Representa la Y lógica, la cual evalúa que ambas condiciones sean de tipo true para realizar una determinada acción.	Determina si los empleados de una empresa ganan entre S/1000.00 y S/1500.00.
		`double sueldo = 1000;`
		`if (sueldo>=1000 && sueldo<=1500)`

||	Representa la O lógica, la cual ejecuta una determinada acción solo si una de las condiciones es de tipo true.	Determina si los empleados de una empresa tienen la categoría de jefe o de gerente.
		`string categoría = "Jefe";`
		`if (categoría =="Jefe" || categoría == "Gerente")`

	!	Representa la negación del resultado de una condición.	Determina si los empleados de una empresa no son de tipo jefe ni de gerente.
			
			`string categoría = "Jefe";`
			`if (!(categoría =="Jefe" || categoría == "Geren-`
			`te"))`

4.4 Instrucción if simple

Se le denomina simple cuando se usa solo una sección de la sentencia condicionada. Si la condición evaluada resulta verdadera, ejecuta una o más sentencias; en caso contrario, no ejecuta nada y continúa con la siguiente sentencia de la aplicación.

A. Formatos

a. Formato 1:

```
If (condición) sentencia;
```

b. Formato 2:

```
If (condición) {
     sentencia1;
     sentencia2;
}
```

B. Gráfico

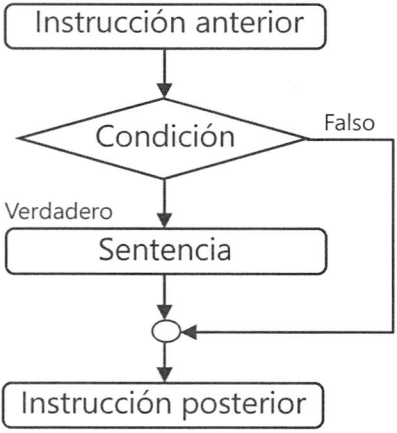

Donde:

- **Condición** es la expresión que determina las acciones que realizar si el resultado de esta devuelve true o verdadero. Así mismo, debemos considerar que es aquí donde usamos los operadores lógicos y relacionales.

- **Sentencia** es la expresión que se ejecutará si y solo si la condición evaluada es verdadera. Debemos tener en cuenta que, si se trata de una sola sentencia, no será necesario el uso de la pareja de llaves, como se observa en el formato 1. Si implementa más de dos sentencias, obligatoriamente deben estar encerrados entre llaves, como se ve en el formato 2.

C. Implementación de sentencias If simple

a. Determinar el nombre de la categoría de un empleado según la siguiente tabla:

CATEGORÍA	DESCRIPCIÓN
A	Jefe
B	Administrativo
C	Apoyo
D	Operario

```
string categoría, descripción;
categoria = "A";

if (categoría =="A") descripción = "Jefe";
if (categoría =="B") descripción = "Administrativo";
if (categoría =="C") descripción = "Apoyo";
if (categoría =="D") descripción = "Operario";
```

b. Aplicar la siguiente tabla de descuentos con respecto al sueldo de los empleados en una empresa:

SUELDO	PORCENTAJE DE DESCUENTO
Menor o igual a S/750.00	7.50
Superior a S/750.00 e inferior a S/1400.00	12.50
Superior a S/1400.00 e inferior a S/2100.00	14.50
Superior a S/2100.00	16.50

```
double sueldo, descuento;
sueldo = 1750.00;

if (sueldo <= 750)                    descuento = sueldo * (7.5/100);
if (sueldo > 750 && sueldo <= 1400)   descuento = sueldo * (12.5/100);
if (sueldo > 1400 && sueldo <= 2100)  descuento = sueldo * (14.5/100);
if (sueldo > 2100)                    descuento = sueldo * (16.5/100);
```

c. Aplicar la siguiente tabla de asignación de coste por hora y descuentos con respecto a la categoría de los empleados en una empresa:

CATEGORÍA	COSTE HORA	DESCUENTO
Jefe	S/50.00	18 %
Administrativo	S/30.00	15 %
Apoyo	S/20.00	12 %
Operario	S/7.50	10 %

```
string categoría;
double Hora, descuento;

if (categoría  == "Jefe")  {
    Hora = 50;
    descuento = 0.18;
```

```
}
if (categoría  == "Administrativo")        {
      Hora = 30;
      descuento = 0.15;
}
if (categoría  == "Apoyo") {
      Hora = 20;
      descuento = 0.12;
}
if (categoría  == "Operario")      {
      Hora = 7.5;
      descuento = 0.1;
}
```

4.5 Instrucción if doble

Se le denomina así cuando se usan ambas secciones de la sentencia selectiva **if**. Cuando la condición evaluada resulta true o verdadera, ejecuta sentencias implementadas en esa sección; en cambio, si la condición resulta false o falsa, ejecuta otro bloque de sentencias. Debemos tener en cuenta que, cuando se ejecuta el bloque de sentencias de una sección, ya no se ejecuta el otro y la aplicación continúa con el código subsiguiente.

A. Formatos

a. **Primer formato:**

```
if (condición) sentencia_verdadera; else sentencia_falsa;
```

b. **Segundo formato:**

```
if (condición) {
   sentencia_verdadera1;
   sentencia_verdadera2;
 }
else {
   sentencia_falsa1;
   sentencia_falsa2;
}
```

B. Gráfico

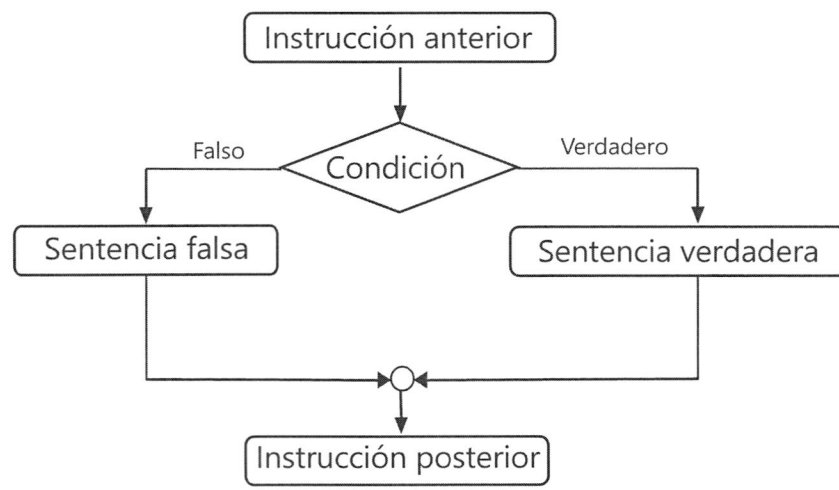

Donde:

- **Condición** es la expresión que determina las acciones que realizar si el resultado de esta devuelve true o verdadero. Así mismo, debemos considerar que es aquí donde usamos los operadores lógicos y relacionales.

- **Sentencia_verdadera** es la que se ejecutará solo si la condición evaluada resulta verdadera.

- **Sentencia_falsa** es la que se ejecutará solo si la condición evaluada resulta falsa.

C. Implementación de sentencias if doble

a. Determinar los siguientes mensajes según la realización de los pagos de cuotas en una universidad. Siga la siguiente tabla:

CONDICIÓN	MENSAJE
PAGO	"Estimado estudiante, usted se encuentra al día en sus pagos".
NO PAGO	"Estimado estudiante, recuerde que el retraso en el pago de sus cuotas generaría intereses de demora (moras)".

```
string condición, mensaje;

if (condición == "PAGO")
    mensaje="Estimado estudiante, usted se encuentra al día en sus pagos";
    else
    mensaje="Estimado estudiante, recuerde que el retraso en
            sus cuotas generan moras";
```

b. Aplicar descuentos de tipo AFP al importe de sueldo guiándose de la siguiente tabla:

TIPO DE AFP	DESCUENTO 1	DESCUENTO 2
Integra	10.0 %	2.0 %
Prima	11.0 %	1.75 %

```
double sueldo, descuento1, descuento2;
string tipoAFP;

if (tipoAFP =="Integra"){
    descuento1 = sueldo * (10.0/100);
    descuento2 = sueldo * (2.0/100);
}
else
{
    descuento1 = sueldo * (11.0/100);
    descuento2 = sueldo * (1.75/100);
}
```

4.6 Instrucción if doblemente enlazada

Se le denomina así a la evaluación sucesiva que puede realizarse en una sentencia **if**. Si la condición evaluada resulta verdadera, entonces se ejecutan las sentencias de ese bloque y termina el ciclo selectivo, es decir, ya no se realizan más comparaciones; caso contrario, se seguirá evaluando la siguiente condición,hasta encontrar el valor verdadero.

A. Formatos

a. Primera forma:

```
if (condición1)
    sentencia1_1;
    else if (condición2)
    sentencia2_1;
    else if (condición3)
    sentencia3_1;
    else
    sentencia_falsa;
```

b. Segunda forma:

```
if (condición1){
    sentencia1_1;
    sentencia1_2;
    }
    else if (condición2) {
    sentencia2_1;
    sentencia2_2;
    }
    else if (condición3) {
    sentencia3_1;
    sentencia3_2;
    }
    else{
    sentenciaFalsa1;
    sentenciaFalsa2;
    }
```

B. Gráfico

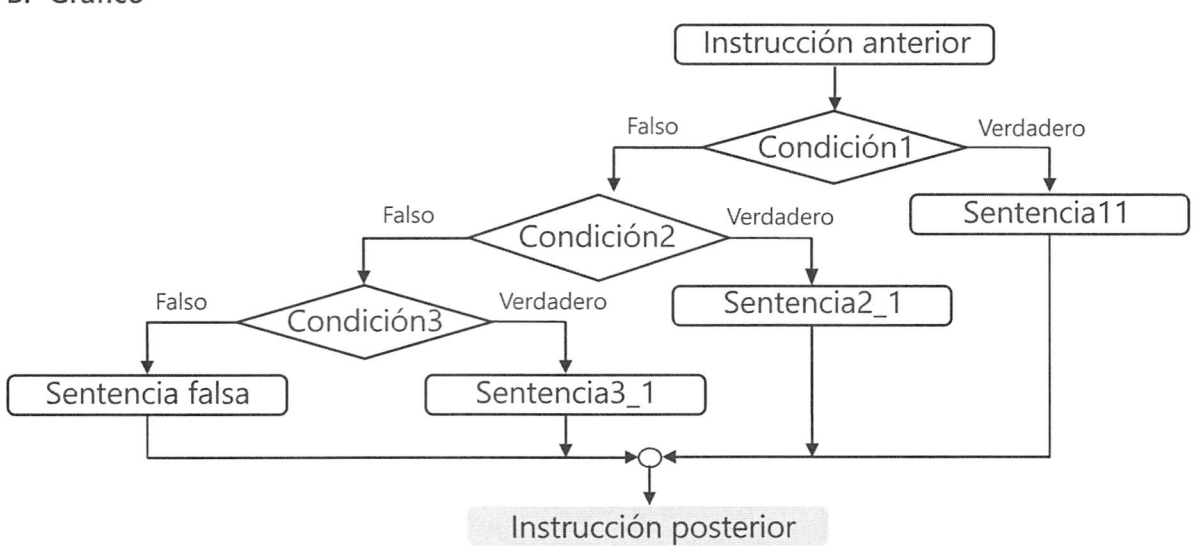

Donde:

- **Condición1, Condición2, Condición3:** determinan la cantidad de evaluaciones por las que puede pasar una variable, es decir, las posibles opciones que puede contener.

- **Sentencia:** representa la sentencia o las sentencias que se ejecutarán única y exclusivamente si la condición evaluada es verdadera; en caso contrario, seguirá evaluando, hasta que la condición sea verdadera.

- **Sentencia_falsa:** representa las sentencias que se ejecutarán cuando ninguna de las condiciones resulte verdadera. Es también llamada sentencia ejecutada por defecto.

C. **Implementación de sentencias If doblemente enlazada**

a. Determine el nombre de la categoría de un empleado según la siguiente tabla:

CATEGORÍA	DESCRIPCIÓN
A	Jefe
B	Administrativo
C	Apoyo
D	Operario

```
string categoría, descripción;

if (categoría =="A")
    descripción = "Jefe";
    else if (categoria =="B")
    descripción = "Adiministrativo";
else if (categoría =="C")
    descripción = "Apoyo";
else if (categoría =="D")
    descripción = "Operario";
```

b. Aplique la siguiente tabla de descuentos con respecto al sueldo de los empleados en una empresa:

SUELDO	PORCENTAJE DE DESCUENTO
Menor o igual a S/750.00	7.50
Superior a S/750.00 e inferior a S/1400.00	12.50
Superior a S/1400.00 e inferior a S/2100.00	14.50
Superior a S/2100.00	16.50

```
double sueldo, descuento;

if (sueldo <= 750)
    descuento = sueldo * (7.5/100);
    else if (sueldo > 750 && sueldo <= 1400)
        descuento = sueldo * (12.5/100);
    else if (sueldo > 1400 && sueldo <= 2100)
        descuento = sueldo * (14.5/100);
    else if (sueldo > 2100)
        descuento = sueldo * (16.5/100);
```

c. Aplique la siguiente tabla de asignación de coste por hora y descuentos con respecto a la categoría de los empleados en una empresa:

CATEGORÍA	COSTE HORA	DESCUENTO
Jefe	S/50.00	18 %
Administrativo	S/30.00	15 %
Apoyo	S/20.00	12 %
Operario	S/7.50	10 %

```
string categoría;
double Hora, descuento;

if (categoría  == "Jefe")  {
     Hora = 50;
     descuento = 0.18;
} else if (categoría  == "Administrativo") {
          Hora = 30;
          descuento = 0.15;
} else if (categoría  == "Apoyo") {
          Hora = 20;
          descuento = 0.12;
} else if (categoría  == "Operario")        {
          Hora = 7.5;
          descuento = 0.1;
}
```

4.7 Instrucción condicional múltiple

La finalidad de la instrucción es implementar sentencias condicionales por opción múltiple. Es muy parecido al trabajo que realiza la condicional enlazada del if.

A. Formato

```
switch(expresión){
 case valor: sentencia1; break;
 case valor: sentencia2; break;
 case valor: sentencia3; break;
 default: sentenciaxdefecto; break;
}
```

B. Gráfico

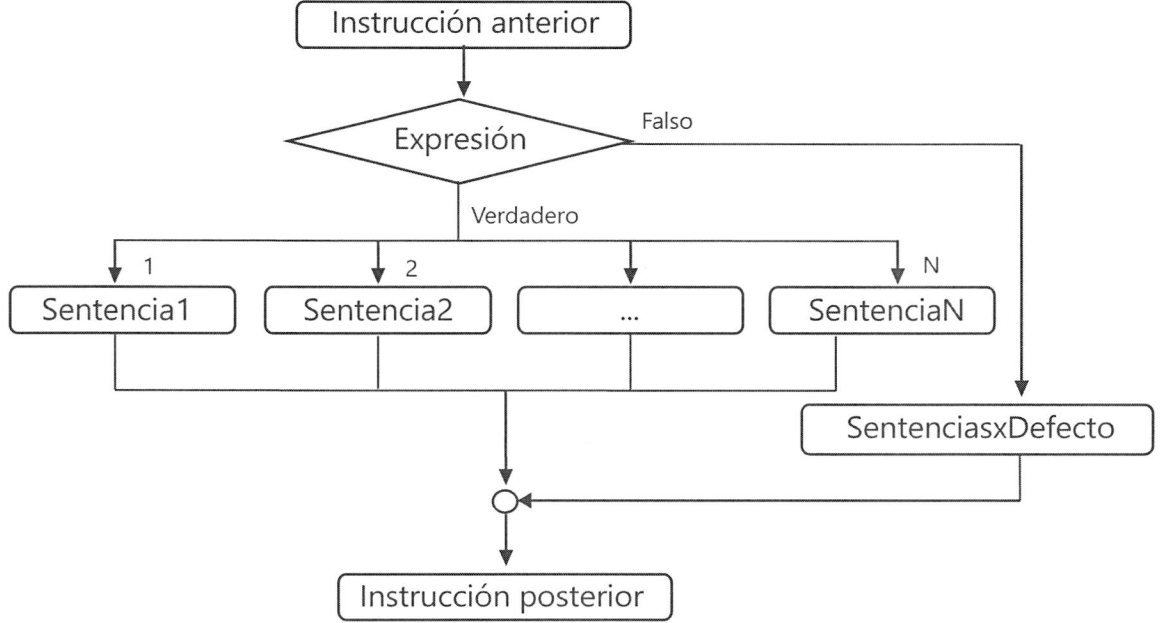

Donde:

- **Expresión:** es el dato que evaluará la estructura switch. Cuando el valor de la expresión se encuentre entre las opciones del switch, se ejecutarán las sentencias especificadas en ese caso.

- **break:** especifica el término del bloque de sentencias en un caso; no será necesario asignar llaves a cada bloque de sentencias. El bloque de sentencias termina solo si encuentra un break; quiere decir que es obligatorio en todos sus ámbitos, inclusive en el último caso.

- **case valor:** representa una de las posibles opciones que puede tomar la expresión evaluada. Aquí debemos considerar la forma en que se especifica un valor, tenemos:

ESPECIFICACIÓN DE VALOR	ESPECIFICACIÓN SWITCH

case valor_numérico	`int n;`
	
	`switch (n){`
	
	`  case 1: break;`
	
	`}`

case "valor_cadena"	`int cadena;`
	
	`switch (cadena){`
	
	`  case "valor": break;`
	
	`}`

- **default:** las sentencias especificadas en esta sección serán ejecutadas cuando la expresión evaluada no tome ninguno de los valores especificados. Al final del bloque de sentencias se debe asignar un break.

C. Implementación de la estructura Switch

a. Determinar el nombre de la categoría de un empleado según la siguiente tabla:

CATEGORÍA	DESCRIPCIÓN
A	Jefe
B	Administrativo
C	Apoyo
D	Operario

```
string categoría, descripción;

switch(categoria){
    case "A": descripción="Jefe"; break;
    case "B": descripción="Administrativo"; break;
    case "C": descripción="Apoyo"; break;
    case "D": descripción="Operario"; break;
}
```

b. Aplicar la siguiente tabla de asignación de hora y descuentos con respecto a la categoría de los empleados en una empresa:

CATEGORÍA	COSTE HORA	DESCUENTO
Jefe	S/50.00	18 %
Administrativo	S/30.00	15 %
Apoyo	S/20.00	12 %
Operario	S/7.50	10 %

```
string categoría;
double Hora, descuento;

switch(categoría){
    case "Jefe":
    Hora = 50;
    descuento = 0.18;
    break;
case "Administrativo":
    Hora = 30;
    descuento = 0.15;
    break;
case "Apoyo":
    Hora = 20;
    descuento = 0.12;
    break;
case "Operario":
    Hora = 7.5;
    descuento = 0.1;
    break;
}
```

4.8 Caso resuelto 1: pago de empleados (if simple)

La empresa de consultoría de proyectos PROJECT-PERU ha decidido ampliar su línea de negocio y ha contratado más personal para poder lograr los objetivos trazados por la gerencia. Necesita una aplicación que le permita controlar el pago a sus empleados según categoría. La aplicación ha de mostrar el sueldo asignado, el descuento y el importe neto que recibir.

Debemos tener en cuenta:

a. Al iniciar la aplicación se debe mostrar la fecha actual de registro y las categorías de los empleados en un cuadro combinado.

b. Usaremos la siguiente tabla de asignación de sueldos, según la categoría del empleado:

CATEGORÍA	SUELDO
Jefe	S/3500.00
Administrativo	S/2500.00
Técnico	S/1700.00
Operario	S/1000.00

c. Al seleccionar una categoría desde el combobox, automáticamente se debe mostrar el sueldo asignado.

d. El descuento aplicado representa al 12.5 % del sueldo, solo si ese sueldo es mayor a S/2000.00; en caso contrario, no se le aplica descuento.

e. El importe neto resulta de la diferencia entre el sueldo y el descuento aplicado.

f. Todos los resultados deben mostrarse en un cuadro de lista.

Veamos la solución:

1. Cree una solución llamada **Laboratorio04.**

2. Agregue un proyecto de tipo **Windows Form(.Net Framework)** para C# llamado **Control de pago.**

3. Agregue un formulario al proyecto llamado **frmPago.** El explorador de proyectos debe mostrarse de la siguiente manera:

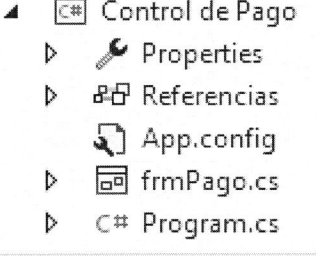

4. Diseñe la GUI del caso, tal como se muestra en la siguiente imagen:

5. Modifique las propiedades de los controles.

CONTROL	PROPIEDAD	VALOR
Form1	(Name)	frmPago
	Text	Control de pago de empleados
Label1	Text	CONTROL DE PAGO DE EMPLEADOS
Label2	Text	FECHA DE REGISTRO
Label3	(Name)	lblFecha
	Text	00/00/0000
Label4	Text	EMPLEADO
Label5	Text	CATEGORÍA
Label6	Text	SUELDO
Label7	(Name)	lblSueldo
	Text	0000.00
Textbox1	(Name)	txtEmpleado
ComboBox1	(Name)	cboCategoría
Button1	(Name)	bntRegistrar
	Text	REGISTRAR
Button2	(Name)	btnLimpiar
	Text	LIMPIAR
Button3	(Name)	btnSalir
	Text	SALIR
ListView1	(Name)	lvEmpleados
	GridLines	True

6. Configure el **ListView:**

EMPLEADO	CATEGORÍA	SUELDO	DESCUENTO	NETO
Karla Gallegos Silva	Administrativo	S/ 2,500.00	S/ 312.50	S/ 2,187.50
Stefany Villacorta Picon	Tecnico	S/ 1,700.00	S/ 0.00	S/ 1,700.00

a. Seleccione el objeto **lvEmpleados (ListView).**

b. Seleccione la pestaña superior derecha del control **lvEmpleados.**

c. Seleccione **Details** desde el cuadro **Vista.**

d. Luego, pulse **Editar columnas...** para definir las columnas del cuadro de lista.

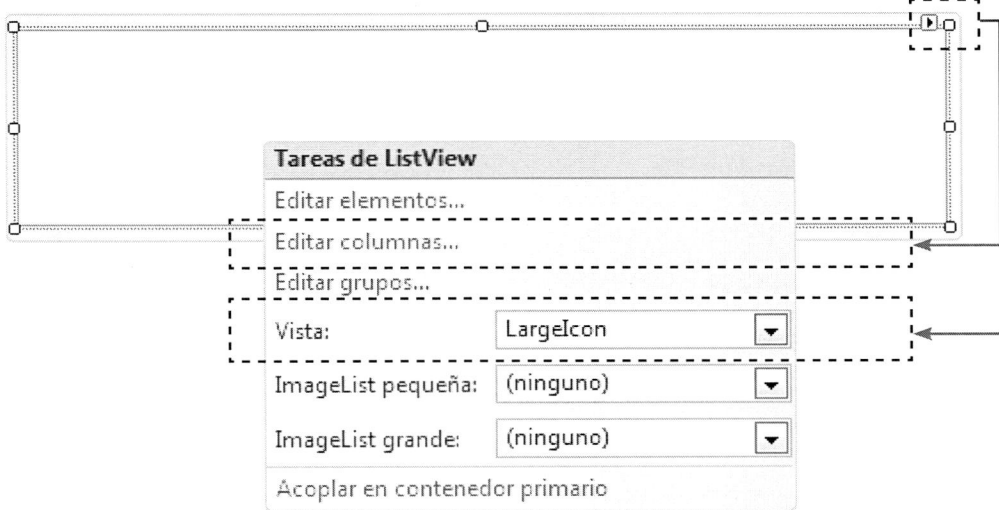

e. Asigne los títulos de la lista. Para ello debe introducir cinco columnas con el botón **Agregar.**

f. Para modificar el título bastará con seleccionar cada **columnHeader** y modificar su propiedad **Text.** No será necesario asignar un nombre **(Name).**

g. Cuando termine de asignar los títulos, pulse **Aceptar.**

7. Agregue el siguiente código de solución. Aquí se recomienda hacer doble clic en los botones **REGISTRAR, LIMPIAR** y **SALIR.**

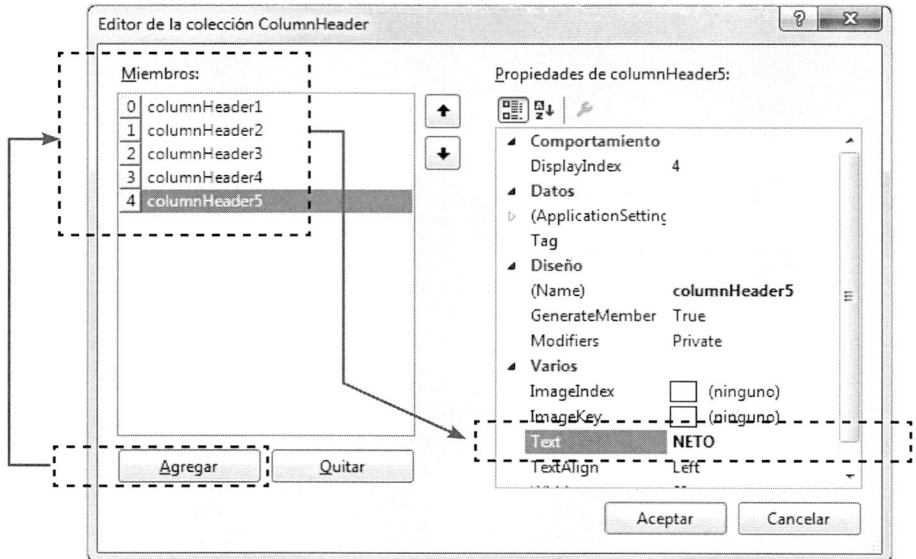

```csharp
using System;
using System.Collections.Generic;
using System.ComponentModel;
using System.Data;
using System.Drawing;
using System.Linq;
using System.Text;
using System.Threading.Tasks;
using System.Windows.Forms;

namespace Control_de_Pago
{
    public partial class frmPago : Form
    {
        double sueldo = 0;
        public frmPago()
        {
            InitializeComponent();
        }

        private void btnRegistrar_Click(object sender, EventArgs e)
        {
            //Capturando los valores
            string empleado = txtEmpleado.Text;
            string categoría = cboCategoría.Text;

            //Realizando cálculos
            double descuento = 0;
            if (sueldo > 2000) descuento = sueldo * (12.5 / 100);

            double neto = sueldo - descuento;

            //Imprimiendo los resultados en la lista
            ListViewItem fila = new ListViewItem(empleado);
            fila.SubItems.Add(categoría);
            fila.SubItems.Add(sueldo.ToString("C"));
            fila.SubItems.Add(descuento.ToString("C"));
```

```
            fila.SubItems.Add(neto.ToString("C"));
            lvEmpleados.Items.Add(fila);

            //Limpiando los controles
            btnLimpiar_Click(sender, e);
        }

        private void btnLimpiar_Click(object sender, EventArgs e)
        {
            cboCategoría.Text = "(Seleccione)";
            txtEmpleado.Clear();
            txtEmpleado.Focus();
        }

        private void btnSalir_Click(object sender, EventArgs e)
        {
            DialogResult r = MessageBox.Show("¿Está seguro de salir?", "Pago",
                                    MessageBoxButtons.YesNo,
                                    MessageBoxIcon.Exclamation);
            if (r == DialogResult.Yes) this.Close();
        }

    }
}
```

8. Se necesita insertar código en el evento **LOAD** del formulario para mostrar la fecha actual y las categorías en el cuadro combinado. Para acceder al evento **LOAD** debe hacer doble clic sobre el fondo del formulario, hasta que aparezca ese evento. Entonces introduzca el siguiente código:

```
private void frmPago_Load(object sender, EventArgs e)
{
    lblFecha.Text = DateTime.Today.Date.ToString("d");

    cboCategoría.Text = "(Seleccione)";
    cboCategoría.Items.Add("Jefe");
    cboCategoría.Items.Add("Administrativo");
    cboCategoría.Items.Add("Técnico");
    cboCategoría.Items.Add("Operario");}
```

La clase DateTime tiene acceso a las propiedades fecha y hora. Para mostrar la fecha usamos **Today.Date.** El parámetro **d** sirve para mostrar la fecha en formato corto (7/01/2024). El **.text** del **combobox** se usa para mostrar la palabra **(Seleccione)** al inicio de la aplicación. Una vez que el usuario elija una opción, esta desaparecerá y solo mostrará las opciones agregadas con **Items.Add.** Tenga en cuenta que las opciones deben escribirse tal como se van a evaluar en la sentencia **if** o **switch.**

9. Se necesita mostrar el sueldo al seleccionar una categoría desde el cuadro combinado. Para esto debe seleccionar el objeto **cboCategoría** y, desde el cuadro de propiedades, ubicarse en los eventos. Luego, seleccione con doble clic sobre el evento **SelectedIndexChanged** y escriba el siguiente código:

```
private void cboCategoría_SelectedIndexChanged(object sender, EventArgs e)
{
    //Capturando la categoría seleccionada
    string categoría = cboCategoría.Text;

    //Asignando el sueldo según la categoría
    if (categoría == "Jefe") sueldo = 3500;
    if (categoría == "Administrativo") sueldo = 2500;
    if (categoría == "Tecnico") sueldo = 1700;
    if (categoría == "Operario") sueldo = 1000;

    //Enviando el sueldo obtenido a la impresión
    lblSueldo.Text = sueldo.ToString("C");
}
```

La sentencia **sueldo.ToString("C")** hace referencia a un monto que será mostrado en el formato de moneda en el que se encuentre configurado su sistema operativo; es decir, el monto de 2500 se mostraría como S/2500.00. Si necesita que se muestre un símbolo de moneda distinto al de su país, podría usar la siguiente sentencia: **lblSueldo.Text = "$"+sueldo.ToString("0.00");**.

10. Antes de ejecutar la aplicación, tiene que indicar qué formulario debe iniciar. Para ello debe entrar en el archivo **Program.cs,** que se encuentra en el explorador de proyectos.

```
using System;
using System.Collections.Generic;
using System.Linq;
using System.Threading.Tasks;
using System.Windows.Forms;

namespace Control_de_Pago
{
    internal static class Program
    {
        /// <summary>
        /// Punto de entrada principal para la aplicación.
        /// </summary>
        [STAThread]
        static void Main()
        {
            Application.EnableVisualStyles();
            Application.SetCompatibleTextRenderingDefault(false);
            Application.Run(new frmPago());
        }
    }
}
```

11. Finalmente, pulse **F5** para probar la aplicación.

4.9 Caso resuelto 2: control de evaluaciones (if doble)

El profesor de un curso de programación que organiza una universidad necesita tener registradas las notas de sus estudiantes. Son cuatro evaluaciones y para hallar el promedio elimina la nota más baja que el alumno haya obtenido; es decir, el resultado es la media de las tres notas más altas. Implemente una aplicación que permita mostrar la menor nota, el promedio y la condición de los estudiantes. La condición considera aprobado al alumno cuyo promedio sea mayor o igual a 12.5; en caso contrario, se considera que ha suspendido.

Tenga en cuenta lo siguiente:

a. Debe mostrar el registro de los alumnos en un control ListView.

Veamos la solución:

1. Cree una solución llamada **Laboratorio04** (consulte la solución del caso 1).
2. Agregue un proyecto de tipo **Windows Form(.Net Framework)** para C# llamado **Control de evaluaciones.**
3. Agregue un formulario al proyecto llamado **frmPromedio.** El explorador de proyectos debe mostrarse de la siguiente manera:

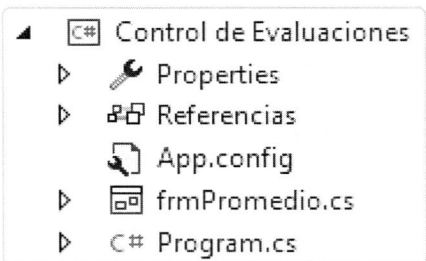

4. Diseñamos la GUI del caso, tal como se muestra en la siguiente imagen:

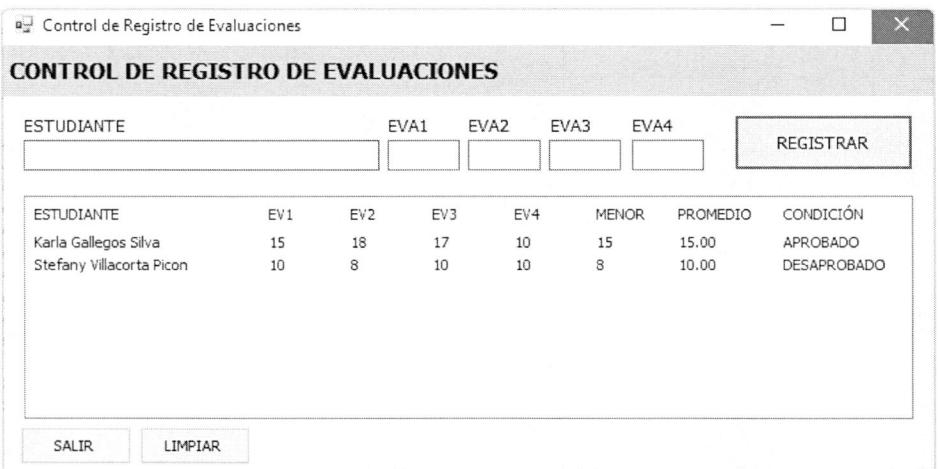

5. Modifica las propiedades de los controles.

CONTROL	PROPIEDAD	VALOR
Form1	(Name)	frmPromedio
	Text	Control de Registro de evaluaciones
Label1	Text	CONTROL DE REGISTRO DE EVALUACIONES
Label2	Text	ESTUDIANTE
Label3	Text	EVA1
Label4	Text	EVA2
Label5	Text	EVA3
Label6	Text	EVA4
Textbox1	(Name)	txtEstudiante
Textbox2	(Name)	txtE1
Textbox3	(Name)	txtE2
Textbox4	(Name)	txtE3
Textbox5	(Name)	txtE4
Button1	(Name)	bntRegistrar
	Text	REGISTRAR
Button2	(Name)	btnLimpiar
	Text	LIMPIAR
Button3	(Name)	btnSalir
	Text	SALIR
ListView1	(Name)	lvPromedios
	GridLines	True

6. Configure el ListView para mostrar los registros de estudiantes.

ESTUDIANTE	EV1	EV2	EV3	EV4	MENOR	PROMEDIO	CONDICIÓN
Karla Gallegos Silva	15	18	17	10	15	15.00	APROBADO
Stefany Villacorta Picon	10	8	10	10	8	10.00	DESAPROBADO

   a. Seleccione el objeto **lvPromedios.**

   b. Seleccione la pestaña superior derecha del objeto **lvPromedios.**

   c. Seleccione **Details** desde el cuadro **Vista.**

   d. Luego, pulse en **Editar columnas...** y agregue ocho columnas. Finalmente, modificamos sus nombres desde las propiedades con la propiedad **Text.**

7. Agregue el siguiente código de solución. Aquí se recomienda hacer doble clic en los botones **REGISTAR**, **LIMPIAR** y **SALIR**.

```csharp
using System;
using System.Collections.Generic;
using System.ComponentModel;
using System.Data;
using System.Drawing;
using System.Linq;
using System.Text;
using System.Threading.Tasks;
using System.Windows.Forms;

namespace Control_de_Evaluaciones
{
    public partial class frmPromedio : Form
    {
        public frmPromedio()
        {
            InitializeComponent();
        }

        private void btnRegistrar_Click(object sender, EventArgs e)
        {
            //Capturando los valores
            string estudiante = txtEstudiante.Text;
            int e1 = int.Parse(txtE1.Text);
            int e2 = int.Parse(txtE2.Text);
            int e3 = int.Parse(txtE3.Text);
            int e4 = int.Parse(txtE4.Text);

            //Determinar la menor nota
            int menor;
            if (e1 < e2) menor = e1; else menor = e2;
            if (e3 < menor) menor = e3;
            if (e3 < menor) menor = e4;

            //Calculando el promedio
            double promedio = (e1 + e2 + e3 + e4 - menor) / 3.0;

            //Determinado la condición
            string condición;
            if (promedio <= 12.49)
                condición = "DESAPROBADO";
            else
                condición = "APROBADO";

            //Imprimiendo los resultados
            ListViewItem fila = new ListViewItem(estudiante);
            fila.SubItems.Add(e1.ToString());
            fila.SubItems.Add(e2.ToString());
            fila.SubItems.Add(e3.ToString());
            fila.SubItems.Add(e4.ToString());
            fila.SubItems.Add(menor.ToString());
            fila.SubItems.Add(promedio.ToString("0.00"));
            fila.SubItems.Add(condición);
            lvPromedios.Items.Add(fila);
```

```
        //Limpiando los controles
        btnLimpiar_Click(sender, e);
    }

    private void btnSalir_Click(object sender, EventArgs e)
    {
        DialogResult r = MessageBox.Show("¿Está seguro de salir?",
                                         "Promedio",
                                         MessageBoxButtons.YesNo,
                                         MessageBoxIcon.Exclamation);
        if (r == DialogResult.Yes) this.Close();
    }

    private void btnLimpiar_Click(object sender, EventArgs e)
    {
        txtEstudiante.Clear();
        txtE1.Clear();
        txtE2.Clear();
        txtE3.Clear();
        txtE4.Clear();
        txtEstudiante.Focus();
    }

    }
}
```

8. Usted debe cambiar el proyecto de inicio. Haga clic derecho sobre el proyecto **Control de evaluaciones** y selecciona **Establecer como proyecto de inicio.**

9. Antes de ejecutar la aplicación, indique qué formulario debe iniciar. Para ello debemos entrar en el archivo **Program.cs,** que se encuentra en el explorador de proyectos.

```
using System;
using System.Collections.Generic;
using System.Linq;
using System.Threading.Tasks;
using System.Windows.Forms;

namespace Control_de_Evaluaciones
{
    internal static class Program
    {
        /// <summary>
        /// Punto de entrada principal para la aplicación.
        /// </summary>
        [STAThread]
        static void Main()
        {
            Application.EnableVisualStyles();
            Application.SetCompatibleTextRenderingDefault(false);
            Application.Run(new frmPromedio());
        }
    }
}
```

10. Finalmente, pulse **F5** para probar la aplicación.

4.10 Caso resuelto 3: control de registro de multas de tráfico (if doblemente enlazado)

La policía de tráfico (tránsito) del Perú es la encargada de regular el orden y hacer cumplir las normas de circulación establecidas para los distintos medios de transporte: trenes, buses o automóviles particulares. Se necesita implementar una aplicación que permita controlar las multas que se aplicarán a los vehículos que exceden el límite de velocidad permitido.

Debe tener en cuenta que:

a. La aplicación debe mostrar automáticamente la fecha y hora del registro de la multa.

b. El impote de las multas por velocidad se muestra en la siguiente tabla:

VELOCIDAD (KM/H)	MULTA
Hasta 70	S/0.00
Hasta 90	S/120.00
Hasta 100	S/240.00
Mayor a 100	S/350.00

c. Debe implementar un botón ELIMINAR que permita borrar una multa registrada y mostrada en el control ListView. Para ello, primero debemos seleccionar la multa desde el control ListView y luego pulsar ELIMINAR.

d. Han de mostrarse los datos del registro de las multas: el número de matrícula (placa), la fecha, la hora, la velocidad y la multa asignada en un control ListView.

Veamos la solución:

1. Cree una solución llamada **Laboratorio04** (consulte el caso 1).

2. Añada un proyecto de tipo **Windows Form(.Net Framework)** para C# llamado **Control de multas.**

3. Agregue un formulario al proyecto llamado **frmPromedio.** El explorador de proyectos debe mostrarse de la siguiente manera:

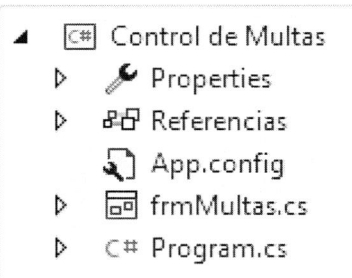

4. Diseñe la GUI del caso, tal como se muestra en la siguiente imagen:

5. Modifique las propiedades de los controles.

CONTROL	PROPIEDAD	VALOR
Form1	(Name)	frmMultas
	Text	Control de registro de multas de tráfico
Label1	Text	CONTROL DE REGISTRO DE MULTAS DE TRÁFICO
Label2	Text	FECHA ACTUAL
Label3	(Name)	lblFecha
Label4	Text	HORA ACTUAL
Label5	(Name)	lblHora
Label6	Text	NÚMERO DE MATRÍCULA
Label7	Text	VELOCIDAD EN KM
Textbox1	(Name)	txtPlaca
Textbox2	(Name)	txtVelocidad
Button1	(Name)	bntRegistrar
	Text	REGISTRAR
Button2	(Name)	btnEliminar
	Text	ELIMINAR
Button3	(Name)	btnSalir
	Text	SALIR
ListView1	(Name)	lvMultas
	GridLines	True

6. Configure el ListView para mostrar los registros de multas:

Nº PLACA	FECHA	HORA	VELOCIDAD KM/H	MULTA
ABC-123	8/02/2024	09:43	70.00	S/ 0.00
DEF-587	8/02/2024	09:43	120.00	S/ 350.00

   a. Seleccione el objeto **lvMultas**.

   b. Seleccione la pestaña superior derecha del objeto **lvMultas**.

   c. Seleccione **Details** desde el cuadro **Vista.**

   d. Luego, pulse **Editar columnas...** y agregue cinco columnas. Finalmente, modifique sus nombres desde las propiedades.

7. Agregue el siguiente código de solución. Aquí se recomienda hacer doble clic en los botones **REGISTAR**, **ELIMINAR** y **SALIR**.

```csharp
using System;
using System.Collections.Generic;
using System.ComponentModel;
using System.Data;
using System.Drawing;
using System.Linq;
using System.Text;
using System.Threading.Tasks;
using System.Windows.Forms;

namespace Control_de_Multas
{
    public partial class frmMultas : Form
    {
        ListViewItem item;

        public frmMultas()
        {
            InitializeComponent();
        }

        private void btnRegistrar_Click(object sender, EventArgs e)
        {
            //Capturando los datos
            string placa = txtPlaca.Text;
            double velocidad = double.Parse(txtVelocidad.Text);
            DateTime fecha = DateTime.Parse(lblFecha.Text);
            DateTime hora = DateTime.Parse(lblHora.Text);
            //Procesando
            double multa = 0;
            if (velocidad <= 70)
                multa = 0;
            else if (velocidad > 70 && velocidad <= 90)
                multa = 120;
            else if (velocidad > 90 && velocidad <= 100)
                multa = 240;
            else if (velocidad > 100)
                multa = 350;

            //Imprimiendo los resultados
            ListViewItem fila = new ListViewItem(placa);
```

```
            fila.SubItems.Add(lblFecha.Text);
            fila.SubItems.Add(lblHora.Text);
            fila.SubItems.Add(velocidad.ToString("0.00"));
            fila.SubItems.Add(multa.ToString("C"));
            lvMultas.Items.Add(fila);
        }

        private void btnEliminar_Click(object sender, EventArgs e)
        {
            if (item != null)
            {
                lvMultas.Items.Remove(item);
                MessageBox.Show("Multa eliminada correctamente...!!!");
            }
            else
            {
                MessageBox.Show("Debe seleccionar una multa de la lista");
            }
        }

        private void btnSalir_Click(object sender, EventArgs e)
        {
            DialogResult r = MessageBox.Show("¿Está seguro de salir?",
                                "Multas",
                                MessageBoxButtons.YesNo,
                                MessageBoxIcon.Exclamation);
            if (r == DialogResult.Yes) this.Close();

        }

    }
}
```

8. Acceda al evento **LOAD** haciendo doble clic en un lugar vacío del formulario e inserte el siguiente código:

```
private void frmMultas_Load(object sender, EventArgs e)
{
   lblFecha.Text = DateTime.Today.Date.ToShortDateString();
   lblHora.Text = DateTime.Now.ToShortTimeString();
}
```

9. Acceda al evento **MOUSECLICK** del objeto **lvMultas.** Seleccione el objeto **lvMultas** y desde las propiedades acceda a los eventos. Busque **MouseClick** y acceda al método haciendo doble clic. Finalmente, inserte el siguiente código:

```
private void lvMultas_MouseClick(object sender, MouseEventArgs e)
{
   item = lvMultas.GetItemAt(e.X, e.Y);
}
```

Los parámetros **e.X** y **e.Y** capturan la posición del elemento seleccionado desde el control **lvMultas.** La variable **ITEM** debe ser declarada en la sección **GLOBAL** de la aplicación, como se muestra en el siguiente código:

```
ListViewItem item.
```

10. Debe cambiar el proyecto de inicio haciendo clic derecho sobre el proyecto **Control de multas.** Luego, seleccione **Establecer como proyecto de inicio.**

11. Antes de ejecutar la aplicación, indique qué formulario debe iniciar. Para ello debe entrar en el archivo **Program.cs,** que se encuentra en el explorador de proyectos.

```csharp
using System;
using System.Collections.Generic;
using System.Linq;
using System.Threading.Tasks;
using System.Windows.Forms;

namespace Control_de_Multas
{
    internal static class Program
    {
        /// <summary>
        /// Punto de entrada principal para la aplicación.
        /// </summary>
        [STAThread]
        static void Main()
        {
            Application.EnableVisualStyles();
            Application.SetCompatibleTextRenderingDefault(false);
            Application.Run(new frmMultas());
        }
    }
}
```

12. Finalmente, pulse **F5** para probar la aplicación.

4.11 Caso resuelto 4: control de registro de aparcamiento (switch)

La empresa que lleva un aparcamiento (estacionamiento) necesita una aplicación que le permita controlar los vehículos que diariamente entran a aparcar. Los datos que precisan son los números de matrícula (placa) de los vehículos, la hora a la que entran y la hora a la que salen.

Debe tenerse en cuenta que:

a. Se debe validar la entrada y salida del vehículo, y su número de matrícula.

b. La tarifa por hora que aplica la empresa depende del día de la semana.

DÍAS	COSTE POR HORA
Domingo	S/2.00
Lunes a jueves	S/4.00
Viernes y sábado	S/7.00

c. Al iniciar la aplicación se debe mostrar la fecha y el coste por hora según el día.

d. Al iniciar la aplicación se debe mostrar la hora de inicio del aparcamiento.

e. La hora de salida tiene que aparecer de manera automática mediante un botón.

f. La cantidad de horas que el vehículo se encuentra en el aparcamiento resulta de la diferencia entre la hora de salida y la de inicio.

g. El importe resulta del producto de la cantidad de horas de aparcamiento por la tarifa por día.

h. El botón **REGISTRAR** muestra el número de matrícula, la fecha, la hora de entrada, la hora de salida, la cantidad de horas que pasó el coche en el parking, la tarifa según el criterio anterior y el importe que pagar por el cliente en un control ListView.

Solución:

1. Cree una solución llamada **Laboratorio04** (consulte la solución del caso 1).
2. Agregue un proyecto de tipo **Windows Form(.Net Framework)** para C# llamado **Control de aparcamiento.**
3. Incluya un formulario en el proyecto llamado **frmAparcamiento.** El explorador de proyectos debe mostrarse de la siguiente manera:

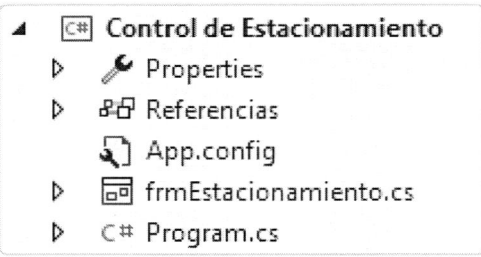

4. Diseñe la GUI del caso, tal como se muestra en la siguiente imagen:

5. Modifique las propiedades de los controles.

CONTROL	PROPIEDAD	VALOR
Form1	(Name)	frmAparcamiento
	Text	Control de registro de aparcamiento
Label1	Text	CONTROL DE REGISTRO DE APARCAMIENTO
Label2	Text	Nº MATRÍCULA
Label3	Text	COSTE x DÍA
Label4	(Name)	lblCoste
	Text	0000.00
Label5	Text	FECHA
Label6	(Name)	lblFecha
	Text	00/00/0000
Label7	Text	HORA DE ENTRADA
Label8	Text	HORA DE SALIDA
TextBox1	(Name)	txtPlaca
MaskedTextBox1	(Name)	txtHoraEntrada
	Mask	Time (US)
MaskedTextBox1	(Name)	txtHoraFin
	Mask	Time (US)
Button1	(Name)	btnRegistrar
	Text	REGISTRAR
Button2	(Name)	btnHoraFin
	Text	HORA FIN
Button3	(Name)	btnCancelar
	Text	CANCELAR
Button4	(Name)	btnSalir
	Text	SALIR
ListView1	(Name)	lvRegistro
	GridLines	True

6. Configure el ListView para mostrar los registros de las multas.

Matrícula	Fecha	Hora inicio	Hora fin	Horas	Tarifa	Importe
ABC-123	8/02/2024	10:42	10:49	0.116666...	S/4.00	S/0.47

7. Seleccione el objeto **lvRegistro.**

8. Seleccione la pestaña superior derecha del objeto **lvRegistro.**

9. Seleccione **Details** desde el cuadro **Vista.**

10. Luego, presiona **Editar columnas...** y agregue siete columnas. Finalmente, modifique sus nombres desde las propiedades.

11. Agregue el siguiente código de solución. Aquí se recomienda hacer doble clic en los botones **REGISTRAR**, **HORA FIN**, **ELIMINAR** y **SALIR**.

```csharp
using System;
using System.Collections.Generic;
using System.ComponentModel;
using System.Data;
using System.Drawing;
using System.Linq;
using System.Security.Cryptography;
using System.Text;
using System.Threading.Tasks;
using System.Windows.Forms;

namespace Control_de_Estacionamiento
{
    public partial class frmEstacionamiento : Form
    {
        string día;

        public frmEstacionamiento()
        {
            InitializeComponent();
        }

        private void btnRegistrar_Click(object sender, EventArgs e)
        {
            if (string.IsNullOrEmpty(txtPlaca.Text))
            {
                MessageBox.Show("Debe llenar el número de PLACA");
                txtPlaca.Focus();
            }
            else if (!DateTime.TryParse(txtHoraFin.Text, out _))
            {
                MessageBox.Show("Debe mostrar la hora de salida del auto");
                txtHoraFin.Focus();
            }
            else {
                //Capturando los datos del formulario
                string placa = txtPlaca.Text;
                double  = double.Parse(lblCoste.Text);
                DateTime fecha = DateTime.Parse(lblFecha.Text);
                DateTime horaInicio = DateTime.Parse(txtHoraInicio.Text);
                DateTime horaFin = DateTime.Parse(txtHoraFin.Text);

                //Calcular la hora
                TimeSpan hora = horaFin - horaInicio;

                //Calcular el importe
                double importe =   * (hora.TotalHours);

                ListViewItem fila = new ListViewItem(placa);
                fila.SubItems.Add(fecha.ToString("d"));
                fila.SubItems.Add(horaInicio.ToString("t"));
                fila.SubItems.Add(horaFin.ToString("t"));
                fila.SubItems.Add(hora.TotalHours.ToString());
```

```
                    fila.SubItems.Add(.ToString("C"));
                    fila.SubItems.Add(importe.ToString("C"));
                    lvRegistro.Items.Add(fila);
                }
        }

        private void btnCancelar_Click(object sender, EventArgs e)
        {
            txtPlaca.Clear();
            txtHoraInicio.Clear();
            txtHoraFin.Clear();
            txtPlaca.Focus();
        }

        private void btnSalir_Click(object sender, EventArgs e)
        {
            DialogResult r = MessageBox.Show("¿Está seguro de salir?",
                                        "Estacionamiento",
                                        MessageBoxButtons.YesNo,
                                        MessageBoxIcon.Exclamation);
            if (r == DialogResult.Yes) this.Close();
        }

        private void btnHoraFin_Click(object sender, EventArgs e)
        {
            //Mostrando la hora de salida
            txtHoraFin.Text = DateTime.Now.ToShortTimeString();
        }
    }
}
```

12. Acceda al evento **LOAD** para aplicar las asignaciones iniciales solicitadas en el caso.

```
private void frmEstacionamiento_Load(object sender, EventArgs e)
{
    //Mostrando la fecha actual
    lblFecha.Text = DateTime.Now.ToShortDateString();

    //Mostrando la hora actual
    txtHoraInicio.Text = DateTime.Now.ToShortTimeString();

    //Determinar el día
    DateTime fecha = DateTime.Parse(lblFecha.Text);
    día = fecha.ToString("dddd");

    double  = 0;
    switch (día)
    {
        case "domingo":  = 2; break;
        case "lunes":
        case "martes":
        case 'miércoles":
        case "jueves":  = 4; break;
        case "viernes":
        case "sábado":  = 7; break;
    }
    lblCosto.Text = .ToString("0.00");
}
```

Los días aparecen en español, pero puede modificarse para que aparezcan en inglés. El valor de la variable **día** debe ser declarada en la sección **GLOBAL** de la aplicación, como se muestra en el siguiente código **string día.**

13. Debe cambiar el proyecto de inicio. Para ello haga clic derecho sobre el proyecto **Control de aparcamiento** y seleccione **Establecer como proyecto de inicio.**

14. Antes de ejecutar la aplicación, hay que establecer qué formulario debe iniciarse. Para eso ha de entrar en el archivo **Program.cs,** que se encuentra en el explorador de proyectos.

```csharp
using System;
using System.Collections.Generic;
using System.Linq;
using System.Threading.Tasks;
using System.Windows.Forms;

namespace Control_de_Estacionamiento
{
    internal static class Program
    {
        /// <summary>
        /// Punto de entrada principal para la aplicación.
        /// </summary>
        [STAThread]
        static void Main()
        {
            Application.EnableVisualStyles();
            Application.SetCompatibleTextRenderingDefault(false);
            Application.Run(new frmEstacionamiento());
        }
    }
}
```

15. Finalmente, pulse **F5** para probar la aplicación.

CAPÍTULO 5

Estructura de repetición

5.1 Introducción

Una estructura de repetición (llamada también lazo o bucle) nos permite generar una serie de repeticiones de un bloque de sentencias específico. Atención: esos ciclos deben tener un fin y el procesador debe verlo claramente; de otro modo, si el ciclo no tiene un fin adecuado, el procesador terminará por detenerlo.

En resumen, para usar adecuadamente una estructura de repetición se debe tener bien claro el inicio y fin del ciclo o bucle.

Estas estructuras repetitivas deben usarse en los siguiente casos:

a. Cuando necesitemos almacenar muchos valores con una sola sentencia de programación.

b. Cuando haya que realizar sumas sucesivas.

c. Cuando haya que realizar cálculos sucesivos.

d. Cuando haya que generar números aleatorios.

Se debe tener en cuenta que las repeticiones o ciclos no se dan automáticamente, sino que esto ocurre si se da una condición; es decir, que se repetirán las sentencias las veces que la condición lo permita.

El código anterior representa cualquier sentencia implementada en la aplicación. Las acciones que se han de realizar quedan especificadas dentro de la implementación de la estructura de repetición. Lo más importante es definir correctamente la condición, pues gracias a esta el bucle se procesará correctamente.

Para nuestro caso, usaremos las estructuras repetitivas **for** (para), **while** (mientras), **do while** (hacer mientras). Primero analizaremos cómo funcionan los contadores y los acumuladores, y la importancia que tienen estos en la implementación de las estructuras repetitivas.

5.2 Los contadores

Un contador es una variable de tipo entero cuyo valor incrementa o disminuye de manera constante. Esto se produce solo cuando ocurre algún suceso, es decir, el uso del contador se debe a una condición que se da en la aplicación.

Para que los contadores trabajen de manera eficaz en una aplicación, se deben integrar a estructuras condicionales, como **if** y **switch,** y estructuras repetitivas, como **for** o **while.**

Podemos usar los contadores:

A. Fuera de una estructura repetitiva

Si queremos utilizar un contador sin estructuras repetitivas, se debe tener en cuenta que esta variable tiene que ser declarada de forma global, para así actualizar su valor durante las llamadas.

B. Dentro de una estructura repetitiva

Esta se encargará de actualizar el valor del contador cada vez que cumple una determinada condición.

Veamos su formato:

FORMATO	DESCRIPCIÓN
Contador = Contador + 1	El contador simple permite actualizar la variable contadora con un valor constante. Este valor es definido por el usuario. Si asignamos uno, el cómputo se realizará de uno en uno. Si asignamos dos, entonces el cómputo se alterará y se realizará de dos en dos.
Contador++	El autoincremento permite actualizar la variable contadora exclusivamente en una unidad.
Contador+=1	El contador con operador complejo permite actualizar la variable contadora con un valor constante, definido por el usuario.

C. Análisis de la sentencia contadora

El cálculo se puede hacer de tres formas distintas, pero la función es la misma; es decir, las siguientes sentencias tienen el mismo objetivo:

```
C++;
C+=1;
C = C+1;
```

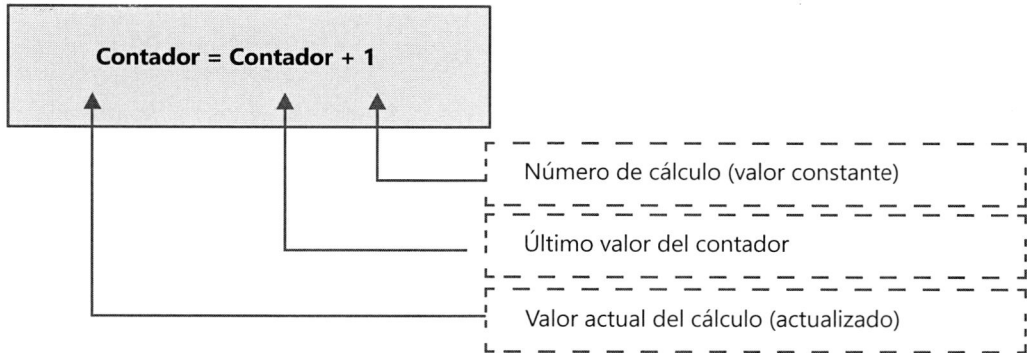

Donde:

- **Número de coálculo:** determina la forma de calcular, que puede ser hacia arriba o hacia abajo.
- **Último valor del contador:** representa el último valor obtenido en el conteo.
- **Valor actual del cálculo:** representa la actualización del valor contenido en el contador.

5.3 Operaciones sobre los contadores

A. Inicialización

Cuando se declara una variable, ya sea de tipo local o global, como de tipo entero en C#, automáticamente se le asigna el valor inicial cero. Por otra parte, el desarrollador puede asignar un valor inicial de acuerdo a su conveniencia. Veamos las siguientes inicializaciones:

DESCRIPCIÓN DEL CASO	CÓDIGO
Inicializar la variable c en valor cero	int c=0;
Inicializar el número de factura en 1000	int nFactura = 1000;

B. Operación de incremento

Una operación de incremento es la que se realiza siempre de forma ascendente, es decir, el valor debe ser positivo y constante.

Veamos una implementación que permita contabilizar la cantidad de números generados aleatoriamente hasta encontrar el 9.

```
Random aleatorio = new Random();
int c = 0,n;
do
{
    n = aleatorio.Next(1, 10);
    MessageBox.Show("El valor de N: " + n);
    c++;
} while (n != 9);
MessageBox.Show("La cantidad de números generados es: " + c);
```

C. Operación de decremento

Esta operación realiza un cálculo de un valor numérico superior a uno inferior.

Veamos una implementación que permite mostrar tres números generados aleatoriamente, entre 1 y 100. Para esto se debe realizar un cálculo inverso en el ciclo de repeticiones.

```csharp
Random aleatorio = new Random();
int i=3,n;
do
{
   n = aleatorio.Next(1, 100);
   MessageBox.Show("El valor de N: " + n);
   i--;
} while (i>=1);
```

5.4 Los acumuladores

Un acumulador o totalizador es una variable cuyo valor se incrementa o disminuye de manera variable. Un acumulador suele utilizarse para acumular resultados producidos en las iteraciones de un ciclo de repeticiones.

Un acumulador se puede emplear de dos formas:

A. Fuera de una estructura repetitiva

Si queremos usar un acumulador sin estructuras repetitivas, se debe tener en cuenta que esta variable tiene que ser declarada de forma global, para así actualizar su valor durante las llamadas.

B. Dentro de una estructura repetitiva

Esta se encargará de actualizar el valor del acumulador cada vez que cumpla una determinada condición.

- Formato

FORMATO	DESCRIPCIÓN
`acumulador = acumulador + valor`	El acumulador simple es el que permite actualizar la variable acumuladora con un valor que no es constante.
`acumulador+=valor`	El acumulador con operador complejo es el que permite actualizar la variable acumuladora con un valor no constante.

- Gráfico

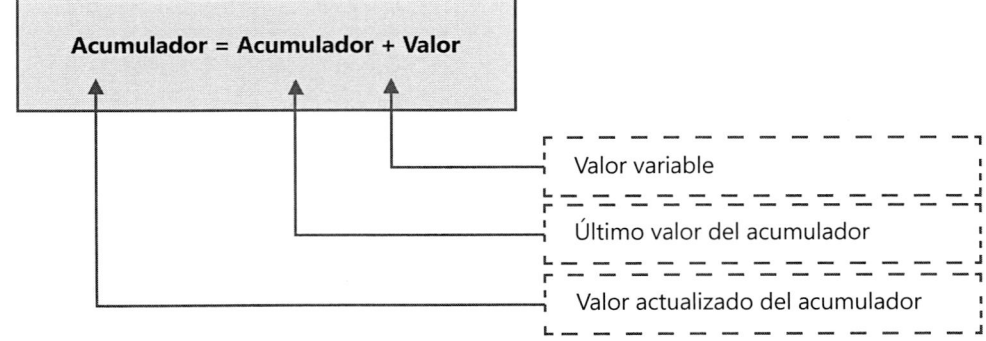

Donde:

- **Valor variable:** es un valor no constante que permite asignar un nuevo valor a la variable acumuladora.
- **Último valor del acumulador:** es la invocación al último valor del acumulador.
- **Valor actual del acumulador:** es la asignación del valor final de la variable acumuladora.

5.5 Operaciones sobre los acumuladores

A. Inicialización

Toda variable acumuladora debe ser iniciada con un valor, que tiene que ser definido por el desarrollador. Normalmente se empieza desde cero.

DESCRIPCIÓN	CÓDIGO
Inicializar el acumulador suma con el valor cero.	`double suma = 0;`
Inicializar el acumulador **coins** con el valor inicial 1000; asumir que la maquina tragamonedas inicia con un **coins** de 1000 y el usuario acumulará a partir de esta cantidad.	`double coins = 1000;`

B. Operación de incremento

Permite aumentar en valor a la variable acumuladora, así se acumula de forma ascendente. Veamos la siguiente implementación para acumular cinco números aleatorios de dos cifras:

```
Random aleatorio = new Random();
int s = 0;
for (int i = 1; i <= 5; i++)
{
    int n = aleatorio.Next(1, 99);
    MessageBox.Show("El valor de N: " + n);
    s += n;
}
MessageBox.Show("El valor acumulado es: "+s);
```

C. Operación de decremento

Esta operación realiza la acumulación inversa. Probablemente el resultado sea negativo en algún momento.

Si contamos con una cantidad inicial de S/5000.00 y se realizan cuatro reintegros simultáneos de cantidades aleatorias entre S/10.00 y S/50.00, muestra la nueva cantidad.

```
Random aleatorio = new Random();
double cantidad = 5000;
int i=1,retiro;
do
{
    retiro = aleatorio.Next(10, 500);
    MessageBox.Show("La cantidad a retirar es :" + retiro);
    cantidad -=retiro;
    i++;
} while (i<=4);
MessageBox.Show("La cantidad actual es: "+cantidad.ToString("C"));
```

5.6 Bucle while

Permite ejecutar un conjunto de instrucciones un número determinado de veces, mientras que la condición especificada en la instrucción **while** sea verdadera. En caso de que sea falsa la condición, el ciclo de repeticiones iniciada por esa instrucción finaliza.

A. Formato

```
while (condición){
   //Sentencias repetidas
}
```

B. Gráfico

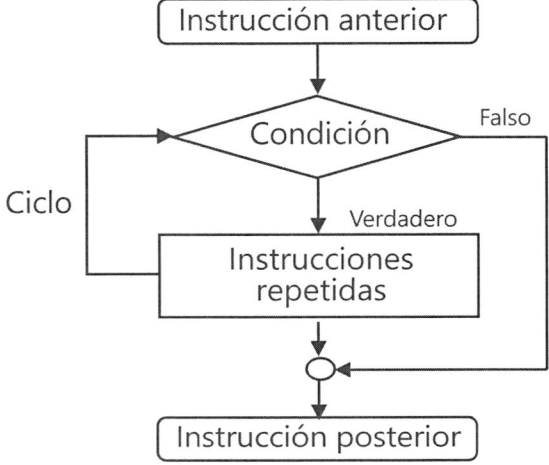

Donde:

- **Condición:** aquí se especifica la condición del ciclo de repeticiones. Mientras que esa condición sea verdadera, el ciclo se continuará ejecutando. Si la condición resultara falsa, el ciclo de repeticiones finaliza y continúa con la siguiente instrucción de la aplicación.

- **Instrucciones repetidas:** aquí se especifican las sentencias que se repetirán durante el ciclo **while**. Debemos tener en cuenta que aquí se puede especificar cualquier tipo de sentencia, sea secuencial, condicional o repetitiva.

C. Implementación de la instrucción while

a. Elaborar una lista diez números aleatorios usando la estructura **while**.

```
int i =1;
while (i <= 10) {
   Random rnd = new Random();
   int n = rnd.Next(1,100);
   MessageBox.Show(n.ToString());
   i++;
}
```

El ciclo de repetición con **while** empieza en el 1. La condición indica que, mientras que ese número sea menor a 10, se seguirá repitiendo el bucle. **Rnd** es un objeto de la clase **Random** que permite generar números enteros aleatorios, que quedan registrados en la variable **n.** Se le asignó 1, 100 para generar números entre ese rango. No olvide esto: el ciclo de repeticiones continúa solo si la variable condicionada aumenta en una unidad antes de finalizar el **while.**

b. Elaborar una lista con los divisores de un determinado número entero.

```
int n =9;
int i = 1;
while (i <= n) {
  if (n%i==0)
    MessageBox.Show(i.ToString());
    i++;
}
```

La variable **n** contiene el número del cual queremos obtener los divisores. El ciclo de repeticiones comienza en uno y culminará cuando se llegue al número especificado en **n.** Dentro del bucle **While** comparamos si ese número es divisor de n. Si es así, se imprimirá su divisor, que se encuentra en la variable **i.**

5.7 Bucle do while

Este bucle permite repetir un conjunto de instrucciones un número indefinido de veces. Todo dependerá de la condición establecida. Eso no excluye que pueda generar ciclos fijos, pero se adapta mejor en ciclos no conocidos. Por ejemplo, imagine un sorteo en el cual se fije uno como base, y que, mientras no se encuentre ese número, el bucle seguirá funcionando. Este sorteo finalizará solo cuando ese número se encuentre.

A. Formato

```
do
{
  //Sentencias repetidas
} while (Condición);
```

B. Gráfico

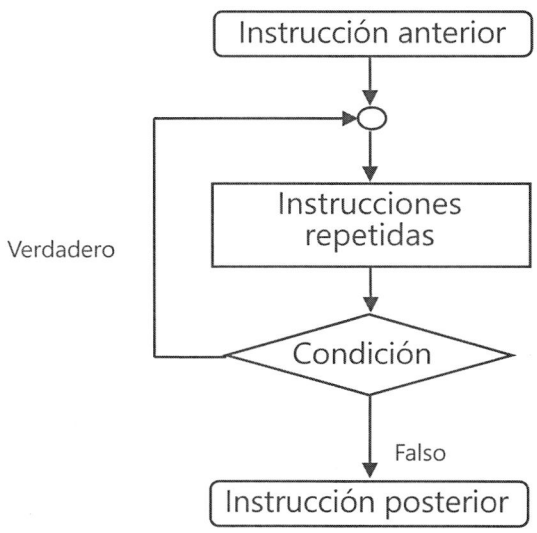

Donde:

- **Instrucciones repetidas:** aquí se especifican las sentencias que se repetirán durante el ciclo Do while. Debemos tener en cuenta que el ciclo empieza sin condición, por lo tanto, las sentencias se ejecutan por lo menos una vez.

- **Condición:** aquí se especifica la condición del ciclo de repeticiones. Mientras que la condición sea verdadera, el ciclo se continuará ejecutando. Si la condición resulta falsa, el ciclo de repeticiones finaliza y continúa con la siguiente instrucción de la aplicación.

C. Implementación de la instrucción Do while

a. Elaborar una lista de diez números aleatorios usando la estructura Do while.

```
int i = 1;
do
{
    Random rnd = new Random();
    int n = rnd.Next(1, 100);
    MessageBox.Show(n.ToString());
    i++;
} while (i <= 10);
```

b. Elaborar una lista con los divisores de un determinado número entero.

```
int n = 9;
int i = 1;
do
{
  if (n % i == 0)
    MessageBox.Show(i.ToString());
    i++;
} while (i <= n);
```

c. Elaborar una lista de los diez primeros números pares de una serie máximo permitida por los números enteros.

```
int i = 1;
int cp = 0;
do
{
  if (i % 2 == 0)
  {
    MessageBox.Show(i.ToString());
    cp++;
  }
  if (cp == 10) break;
  i++;
} while (i <= int.MaxValue);
```

5.8 Bucle for

Es el más usado dentro de las aplicaciones, porque se puede implementar fácilmente. La característica principal es que una sola instrucción define todo un ciclo de repeticiones.

A. Formato

```
for(valorInicial; condición; IncrementoDecremento){
    //Sentencias repetidas;
}
```

B. Gráfico

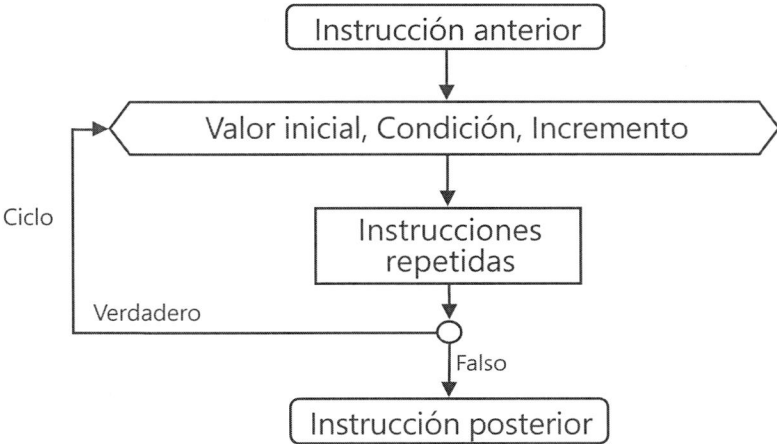

Donde:

- **ValorInicial:** representa el valor inicial del ciclo de repeticiones **For.** Debemos tener en cuenta que no siempre inicia en uno o cero, esta decisión la tomará el desarrollador.
- **Condición:** es la expresión que valida el bucle de la estructura **For.** Si la condición resulta verdadera, el ciclo de repeticiones continuará; en caso contrario, finaliza el proceso.
- **IncrementoDecremento:** define la secuencia en que el ciclo de repeticiones ejecutará los procesos. Esta puede ser de forma ascendente o descendente.

C. Códigos que implementan el uso de la instrucción For

a. Elabore una lista con diez números aleatorios usando la estructura **For.**

```
for(int i=0;i<=10;i++)
{
    Random rnd = new Random();
    int n = rnd.Next(1, 100);
    MessageBox.Show(n.ToString());
}
```

b. Elaborar una lista de los divisores de un determinado número entero.

```
int n = 9;
for(int i=1;i<=n;i++)
{
    if (n % i == 0) MessageBox.Show(i.ToString());
}
```

5.9 Caso resuelto 1: control de registro de participantes (contadores)

La compañía minera Casapalca está comprometida con el desarrollo económico del país y la generación de fuentes de trabajo para que sus colaboradores impulsen su desarrollo personal y profesional. Para conseguir sus objetivos, la empresa ha preparado una capacitación para sus empleados con cargos de jefes, operarios, practicantes y administrativos.

Debemos tener en cuenta:

a. Al iniciar la aplicación se debe mostrar un número generado de manera automática con el formato "0000" de forma correlativa. Así mismo, debe presentar la fecha y hora del registro. Esto último debe ser en forma digital usando el control **Timer.**

b. Los cargos de los empleados que se van a capacitar se deben encontrar en un control **ComboBox** al iniciar la aplicación. Estos cargos se muestran en la siguiente tabla:

CARGO	DESCRIPCIÓN
Jefe	Son los empleados asignados como jefes de operaciones de la empresa.
Operario	Son los empleados de planta de la empresa.
Administrativo	Son los empleados que realizan labores administrativas en la empresa.
Practicante	Son considerados como empleados temporales y tienen como misión asistir al personal administrativo.

c. Los datos deben ser mostrados en un control **ListView** que contenga el número de registro, el nombre del participante, el cargo, y la fecha y hora del registro.

d. Finalmente, se deben mostrar las estadísticas de los registros, como el total de jefes, operarios, administrativos y practicantes registrados, y mostrarlo en un control **ListView.** Solución:

1. Cree una solución llamada "Laboratorio05".
2. Agregue un proyecto de tipo **Windows Form(.Net Framework)** para C# llamado **Control de participantes.**
3. Agregue un formulario al proyecto llamado **frmRegistro.** El explorador de soluciones debe mostrarse de la siguiente manera:

4. Diseñe la GUI del caso, tal como se muestra en la siguiente imagen:

5. Modifique las propiedades de los controles.

CONTROL	PROPIEDAD	VALOR
Form1	(Name)	frmRegistro
	Text	Control de registro de participantes
Label1	Text	CONTROL DE REGISTRO DE PARTICIPANTES
Label2	Text	NÚMERO
Label3	Text	FECHA
Label4	Text	HORA
Label5	(Name)	lblNúmero
	Text	0000
Label6	(Name)	lblFecha
	Text	00/00/0000
Label7	(Name)	lblHora
	Text	00:00:0000
Label8	Text	NOMBRE DEL PARTICIPANTE
Label9	Text	CARGO
Label10	Text	LISTADO DE PARTICIPANTES
Label11	Text	ESTADÍSTICAS
Textbox1	(Name)	txtParticipante
ComboBox1	(Name)	cboCargo

Button1	(Name)	btnRegistrar
	Text	REGISTRAR
Button2	(Name)	btnSalir
	Text	SALIR
ListView1	(Name)	lvParticipantes
	GridLines	True
ListView2	(Name)	lvEstadísticas
	GridLines	True
Timer1	(Name)	tHora
	Interval	1000

6. Configure los **ListView** (**lvParticipantes** y **lvEstadística**):

Número	Empleado	Cargo	Fecha	Hora
1	Karla Gallegos Silva	Administrativo	8/02/2024	11:44:49
2	Stefany Villacorta Picón	Practicante	8/02/2024	11:45:02

   a. Seleccione el objeto **lvParticipantes.**

   b. Seleccione la pestaña superior derecha del objeto **lvParticipantes.**

   c. Seleccione **Details** desde el cuadro **Vista.**

   d. Luego, seleccione **Editar columnas...** Agregue cinco columnas. Modifica sus nombres desde las propiedades.

   e. Aplique lo mismo al objeto **lvEstadística** con dos columnas.

Cargos	Totalizador
Jefe	0
Operario	0
Administrativo	1
Practicante	1

7. Agregue el siguiente código de solución. Aquí se recomienda hacer doble clic sobre los botones **REGISTRAR** y **SALIR.**

```csharp
using System;
using System.Collections.Generic;
using System.ComponentModel;
using System.Data;
using System.Drawing;
using System.Linq;
using System.Text;
using System.Threading.Tasks;
using System.Windows.Forms;
namespace Control_de_Participantes
```

```csharp
{
    public partial class frmRegistro : Form
    {
        int núm;
        int cJefe, cOperario, cAdministrativo, cPracticante;

        public frmRegistro()
        {
            InitializeComponent();

            //Activar la hora actual
            tHora.Enabled = true;
        }

        private void btnRegistrar_Click(object sender, EventArgs e)
        {
            //Capturando los datos
            DateTime fecha, hora;
            string participante, cargo;
            int numero;
            participante = txtParticipante.Text;
            numero = int.Parse(lblNúmero.Text);
            fecha = DateTime.Parse(lblFecha.Text);
            hora = DateTime.Parse(lblHora.Text);
            cargo = cboCargo.Text;

            //Contabilizar la cantidad según los cargos
            switch (cargo)
            {
                case "Jefe": cJefe++; break;
                case "Operario": cOperario++; break;
                case "Administrativo": cAdministrativo++; break;
                case "Practicante": cPracticante++; break;
            }

            //Imprimiendo el registro
            ListViewItem fila = new ListViewItem(numero.ToString());
            fila.SubItems.Add(participante);
            fila.SubItems.Add(cargo);
            fila.SubItems.Add(fecha.ToString("d"));
            fila.SubItems.Add(hora.ToString("hh:mm:ss"));
            lvParticipantes.Items.Add(fila);

            //Imprimiendo las estadísticas
            lvEstadísticas.Items.Clear();
            string[] elementosFila = new string[2];
            ListViewItem row;

            //Añadimos la primera fila al lvEstadísticas
            elementosFila[0] = "Jefe";
            elementosFila[1] = cJefe.ToString();
            row = new ListViewItem(elementosFila);
            lvEstadísticas.Items.Add(row);

            //Añadimos la segunda fila al lvEstadísticas
            elementosFila[0] = "Operario";
            elementosFila[1] = cOperario.ToString();
            row = new ListViewItem(elementosFila);
```

```
        lvEstadísticas.Items.Add(row);

        //Añadimos la tercera fila al lvEstadísticas
        elementosFila[0] = "Administrativo";
        elementosFila[1] = cAdministrativo.ToString();
        row = new ListViewItem(elementosFila);
        lvEstadísticas.Items.Add(row);

        //Añadimos la cuarta fila al lvEstadísticas
        elementosFila[0] = "Practicante";
        elementosFila[1] = cPracticante.ToString();
        row = new ListViewItem(elementosFila);
        lvEstadísticas.Items.Add(row);

        //Mostrando el nuevo numero de registro
        num++;
        lblNúmero.Text = num.ToString("D4");

        //Limpiando los controles
        txtParticipante.Clear();
        cboCargo.SelectedIndex = -1;
        txtParticipante.Focus();
    }

    private void btnSalir_Click(object sender, EventArgs e)
    {
        DialogResult r = MessageBox.Show("¿Está seguro de salir?",
                                    "Participantes",
                                    MessageBoxButtons.YesNo,
                                    MessageBoxIcon.Exclamation);
        if (r == DialogResult.Yes) this.Close();
    }
  }
}
```

8. Acceda al evento **LOAD** del formulario haciendo doble clic sobre un espacio vacío e inserte el siguiente código:

```
private void frmRegistro_Load(object sender, EventArgs e)
{
    num++;
    lblFecha.Text = DateTime.Now.Date.ToString("d");
    lblNúmero.Text = num.ToString("D4");

    //Llenar el combo de cargos
    cboCargo.Items.Add("Jefe");
    cboCargo.Items.Add("Operario");
    cboCargo.Items.Add("Administrativo");
    cboCargo.Items.Add("Practicante");
}
```

9. Acceda al evento **TICK** haciendo doble clic sobre el control **tHora.** Escriba entonces el siguiente código:

```
private void tHora_Tick(object sender, EventArgs e)
{
    lblHora.Text = DateTime.Now.ToString("hh:mm:ss");
}
```

Para mostrar la hora de manera digital debe colocar el código **tHora.Enabled = true,** dentro del método constructor de la aplicación **public frmRegistro().**

10. Debe cambiar el proyecto de inicio: haga clic derecho sobre el proyecto **Control de participantes** y seleccione **Establecer como proyecto de inicio.**

11. Antes de ejecutar la aplicación, indique qué formulario debe iniciarse. Para ello debe entrar en el archivo **Program.cs,** que se encuentra en el explorador de proyectos.

```
using System;
using System.Collections.Generic;
using System.Linq;
using System.Threading.Tasks;
using System.Windows.Forms;

namespace Control_de_Participantes
{
    internal static class Program
    {
        /// <summary>
        /// Punto de entrada principal para la aplicación.
        /// </summary>
        [STAThread]
        static void Main()
        {
            Application.EnableVisualStyles();
            Application.SetCompatibleTextRenderingDefault(false);
            Application.Run(new frmRegistro());
        }
    }
}
```

12. Finalmente, pulse **F5** para probar la aplicación.

5.10 Caso resuelto 2: planilla de sueldos (acumuladores)

La empresa de ventas de repuestos PARTES-CAR S. A., ubicada en la ciudad de Lima, ha aumentado su volumen de negocio. Por ello se vio en la necesidad de contratar más personal. Ahora precisan una aplicación que permita controlar los sueldos de sus empleados por locales. Hay que registrar la fecha de registro de la planilla, el DNI, el nombre completo y la categoría del empleado. Esto último determina el sueldo de cada uno. Finalmente, habrá que calcular el total de empleados por categoría y el total acumulado por cada tipo de empleado.

Téngase en cuenta que:

a. Al iniciar la aplicación se debe mostrar la fecha de manera automática y completar las categorías de los empleados.

b. Se deben validar todos los controles y mostrar un mensaje de acuerdo al control.

c. El sueldo está relacionado con la categoría que tenga cada empleado:

CATEGORÍA	SUELDO
Jefe	S/5000.00
Supervisor	S/3500.00
Vendedor	S/1500.00
Administrador	S/7000.00

d. Al seleccionar una categoría se debe mostrar de manera automática el sueldo.

e. El botón **REGISTRAR** envía los datos del empleado y el sueldo a un control ListView.

f. Finalmente, se deben mostrar las estadísticas, como el total de empleados por categoría y los totales acumulados por cada tipo de categoría en un control ListView.

Veamos la solución:

1. Cree una solución llamada **Laboratorio05** (véase el caso 1).
2. Agregue un proyecto de tipo **Windows Form(.Net Framework)** para C# llamado **Control de planilla.**
3. Agregue un formulario al proyecto llamado **frmPlanilla.** El explorador de soluciones debe aparecer de la siguiente manera:

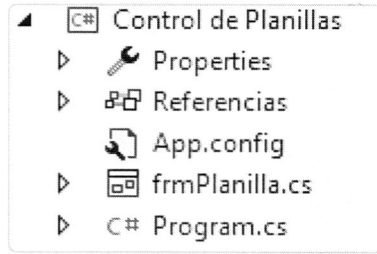

4. Diseñe la GUI del caso, tal como se muestra en la siguiente imagen:

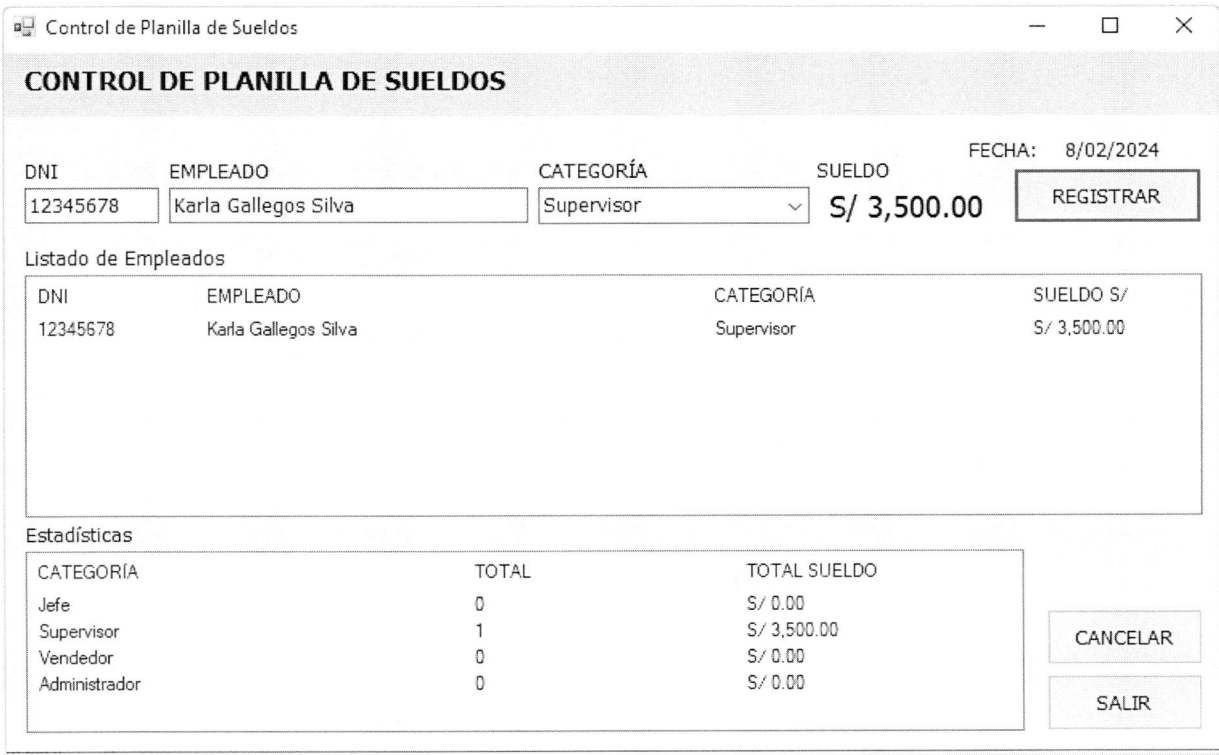

5. Modifique las propiedades de los controles.

CONTROL	PROPIEDAD	VALOR
Form1	(Name)	frmPlanilla
	Text	Control de Planilla de sueldos
Label1	Text	CONTROL DE PLANILLA DE SUELDOS
Label2	Text	FECHA
Label3	(Name)	lblFecha
	Text	00/00/0000
Label4	Text	DNI
Label5	Text	EMPLEADO
Label7	(Name)	lblSueldo
	Text	0000.00
Label8	Text	LISTADO DE EMPLEADOS
Label9	Text	ESTADÍSTICAS
Textbox1	(Name)	txtDNI
Textbox2	(Name)	txtEmpleado
ComboBox1	(Name)	cboCategoría
Button1	(Name)	btnRegistrar
	Text	REGISTRAR

Button2	(Name)	btnSalir
	Text	SALIR
Button3	(Name)	btnCancelar
	Text	CANCELAR
ListView1	(Name)	lvEmpleados
	GridLines	True
ListView2	(Name)	lvEstadísticas
	GridLines	True

6. Configure el objeto **lvEmpleados:**

DNI	Empleado	Categoría	Sueldo S/
12345678	Karla Gallegos Silva	Supervisor	S/3500.00

7. Seleccione el objeto **lvEmpleados.**

8. Seleccione la pestaña superior derecha del objeto **lvEmpleados.**

9. Seleccione **Details** desde el cuadro **Vista.**

10. Luego, pulse **Editar columnas...** y agregue cuatro columnas. Modifica sus nombres desde las propiedades.

11. Para el objeto **lvEstadisticas** solo configure tres columnas, como se muestra en la siguiente tabla.

Categoría	Total	Total sueldo
Jefe	0	S/0.00
Supervisor	1	S/3500.00
Vendedor	0	S/0.00
Administrador	0	S/0.00

12. Agregue el siguiente código de solución. Aquí se recomienda hacer doble clic en los botones **REGISTRAR**, **CANCELAR** Y **SALIR.**

```
using System;
using System.Collections.Generic;
using System.ComponentModel;
using System.Data;
using System.Drawing;
usin++g System.Linq;
using System.Text;
using System.Threading.Tasks;
using System.Windows.Forms;
```

```
namespace Control_de_Planillas
{
    public partial class frmPlanilla : Form
    {
        double sueldo;
        int cJefe, cSupervisor, cVendedor, cAdministrador;
        double aJefe, aSupervisor, aVendedor, aAdministrador;

        public frmPlanilla()
        {
            InitializeComponent();
        }

        private void btnRegistrar_Click(object sender, EventArgs e)
        {
            if (validaCajas() == "")
            {

                //Capturando los datos
                string dni = txtDNI.Text;
                string empleado = txtEmpleado.Text;
                string categoría = cboCategoría.Text;

                //Conteos y acumulaciones
                switch (categoría)
                {
                    case "Jefe":
                        cJefe++;
                        aJefe += sueldo;
                        break;
                    case "Supervisor":
                        cSupervisor++;
                        aSupervisor += sueldo;
                        break;
                    case "Vendedor":
                        cVendedor++;
                        aVendedor += sueldo;
                        break;
                    case "Administrador":
                        cAdministrador++;
                        aAdministrador += sueldo;
                        break;
                }

                //Impresión de planilla
                ListViewItem fila = new ListViewItem(dni);
                fila.SubItems.Add(empleado);
                fila.SubItems.Add(categoría);
                fila.SubItems.Add(sueldo.ToString("C"));
                lvEmpleados.Items.Add(fila);

                //Imprimiendo las estadísticas
                lvEstadistícas.Items.Clear();
                string[] elementosFila = new string[3];
                ListViewItem row;

                //Impresión de los datos del Jefe
```

```csharp
            elementosFila[0] = "Jefe";
            elementosFila[1] = cJefe.ToString();
            elementosFila[2] = aJefe.ToString("C");
            row = new ListViewItem(elementosFila);
            lvEstadísticas.Items.Add(row);

            //Impresión de los datos del Supervisor
            elementosFila[0] = "Supervisor";
            elementosFila[1] = cSupervisor.ToString();
            elementosFila[2] = aSupervisor.ToString("C");
            row = new ListViewItem(elementosFila);
            lvEstadísticas.Items.Add(row);

            //Impresión de los datos del Vendedor
            elementosFila[0] = "Vendedor";
            elementosFila[1] = cVendedor.ToString();
            elementosFila[2] = aVendedor.ToString("C");
            row = new ListViewItem(elementosFila);
            lvEstadísticas.Items.Add(row);

            //Impresión de los datos del Administrador
            elementosFila[0] = "Administrador";
            elementosFila[1] = cAdministrador.ToString();
            elementosFila[2] = aAdministrador.ToString("C");
            row = new ListViewItem(elementosFila);
            lvEstadísticas.Items.Add(row);

        } else
        {
            MessageBox.Show("El error se encuentra en "+validaCajas());
        }
    }

    private void btnCancelar_Click(object sender, EventArgs e)
    {
        txtDNI.Clear();
        txtEmpleado.Clear();
        lblSueldo.Text="0.00";
        cboCategoría.SelectedIndex = -1;
        txtDNI.Focus();
    }

    private void btnSalir_Click(object sender, EventArgs e)
    {
        DialogResult r = MessageBox.Show("¿Está seguro de salir?",
                                    "Planilla",
                                    MessageBoxButtons.YesNo,
                                    MessageBoxIcon.Exclamation);
        if (r == DialogResult.Yes) this.Close();

    }

    String validaCajas()
    {
        if (string.IsNullOrEmpty(txtDNI.Text)) {
            txtDNI.Focus();
            return "DNI";
        }
```

```
            else if (string.IsNullOrEmpty(txtEmpleado.Text)) {
                txtEmpleado.Focus();
                return "NOMBRE DEL EMPLEADO";
            }
            else if (cboCategoría.Text == "(Seleccione)") {
                cboCategoría.Focus();
                return "CATEGORÍA";
            }
            else
                return "";
        }
    }
}
```

13. Acceda al evento **LOAD** del formulario e inserte el siguiente código:

```
private void frmPlanilla_Load(object sender, EventArgs e)
{
    lblFecha.Text = DateTime.Now.ToString("d");

    //Llenar las categorías
    cboCategoría.Text = "(Seleccione)";
    cboCategoría.Items.Add("Jefe");
    cboCategoría.Items.Add("Supervisor");
    cboCategoría.Items.Add("Vendedor");
    cboCategoría.Items.Add("Administrador");
}
```

14. Acceda al evento **SelectedIndexChanged** del objeto **cboCategoria** y escriba el siguiente código:

```
private void cboCategoria_SelectedIndexChanged(object sender, EventArgs e)
{
    //Capturar la categoría del empleado
    string categoría = cboCategoría.Text;

    switch (categoría)
    {
        case "Jefe": sueldo = 5000; break;
        case "Supervisor": sueldo = 3500; break;
        case "Vendedor": sueldo = 1500; break;
        case "Administrador": sueldo = 7000; break;
    }
    lblSueldo.Text = sueldo.ToString("C");
}
```

15. Debe cambiar el proyecto de inicio. Haga clic derecho sobre el proyecto **Control de planillas** y selecciona **Establecer como proyecto de inicio.**

16. Antes de ejecutar la aplicación, indique qué formulario debe iniciar. Para eso debemos entrar en el archivo **Program.cs,** que se encuentra en el explorador de proyectos.

```
using System;
using System.Collections.Generic;
using System.Linq;
```

```
using System.Threading.Tasks;
using System.Windows.Forms;
namespace Control_de_Planillas
{
    internal static class Program
    {
        /// <summary>
        /// Punto de entrada principal para la aplicación.
        /// </summary>
        [STAThread]
        static void Main()
        {
            Application.EnableVisualStyles();
            Application.SetCompatibleTextRenderingDefault(false);
            Application.Run(new frmPlanilla());
        }
    }
}
```

17. Finalmente, pulse **F5** para probar la aplicación.

5.11 Caso resuelto 3: seguros de vida (for)

La compañía de seguros BUENA VIDA S. A. C. cuenta con más de 400 vendedores en el Perú. Quieren una aplicación que les permita controlar el registro de las proformas de seguro que realizan con un determinado cliente. Estas proformas se realizan de forma corporativa, por ello, para hacerla se solicita la razón social de la empresa, el tipo de seguro y la cantidad de empleados que se le asignarán al seguro. Hay que tener en cuenta que una empresa puede registrar distintos tipos de seguro para sus trabajadores.

Debemos tener en cuenta lo siguiente:

a. La tasa por tipo de seguro se muestra en la siguiente tabla:

TIPO DE SEGURO	COSTE UNITARIO
Clásico	S/50.00
Platino	S/80.00
Oro	S/150.00

b. En todos los tipos de seguro existe descuento, como se muestra en la siguiente tabla:

TIPO DE SEGURO	CONDICIÓN	COSTE ADICIONAL POR EMPLEADO
Clásico	Mayor a 10 empleados	S/10.00
Platino	Mayor a 9 empleados	S/8.00
Oro	Mayor a 6 empleados	S/15.00

c. El botón **REGISTRAR** envía los datos del tipo de seguro, la cantidad de empleados por tipo y el pago mensual obtenido en un control ListView.

d. Finalmente, muestra las estadísticas, como el total de personas aseguradas y el monto total que cancelar por la empresa solicitante en un control ListView.

Veamos la solución:

1. Cree una solución llamada **Laboratorio05** (consulte el caso 1).
2. Agregue un proyecto de tipo **Windows Form(.Net Framework)** para C# llamado **Control de proformas.**
3. Añada un formulario al proyecto llamado **frmProforma.** En el explorador de soluciones debe aparecer lo que sigue:

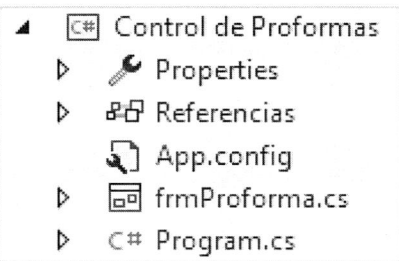

4. Diseñe la GUI del caso, tal como se muestra en la siguiente imagen:

5. Modifique las propiedades de los controles.

CONTROL	PROPIEDAD	VALOR
Form1	(Name)	frmProforma
	Text	Control de Proforma de servicios
Label1	Text	CONTROL DE PROFORMA DE SEGUROS DE VIDA
Label2	Text	RAZÓN SOCIAL
Label3	Text	TIPO DE SEGURO

Label4	Text	CANTIDAD DE EMPLEADOS
Label5	Text	ESTADÍSTICAS
Textbox1	(Name)	txtRazon
Textbox2	(Name)	txtCantidad
ComboBox1	(Name)	cboTipo
ToolStrip1	Dock	Bottom
ToolStripButton1	(Name)	tsGeneral
	DisplayStyle	ImageAndText
ToolStripButton2	(Name)	tsAnular
	DisplayStyle	ImageAndText
ToolStripButton3	(Name)	tsSalir
	DisplayStyle	ImageAndText
Button1	(Name)	btnRegistrar
	Text	REGISTRAR
ListView1	(Name)	lvProforma
	GridLines	True
ListView2	(Name)	lvEstadísticas
	GridLines	True

6. Configure el **ListView:**

   a. Seleccione el objeto **lvProforma.**

   b. Seleccione la pestaña superior derecha.

   c. Seleccione **Details** desde el cuadro **Vista.**

   d. Luego, pulse **Editar columnas...** y agregue tres columnas. Modifique sus nombres desde las propiedades.

   e. Para **lvEstadisticas** solo configure dos columnas.

7. Agregue el siguiente código de solución. Aquí se recomienda hacer doble clic en los botones **REGISTRAR, GENERAL, ANULAR PROFORMA** y **SALIR.**

```csharp
using System;
using System.Collections.Generic;
using System.ComponentModel;
using System.Data;
using System.Drawing;
using System.Linq;
using System.Text;
using System.Threading.Tasks;
using System.Windows.Forms;

namespace Control_de_Proformas
{
    public partial class frmProforma : Form
    {
```

```csharp
public frmProforma()
{
    InitializeComponent();
}

private void btnRegistrar_Click(object sender, EventArgs e)
{
    //Capturando los datos
    string razón = txtRazon.Text;
    string tipo = cboTipo.Text;
    int cantidad = int.Parse(txtCantidad.Text);

    //Calculando el pago mensual por tipo de seguro
    double pagoMensual = 0;
    switch (tipo)
    {
        case "Inversión Clásica":
            if (cantidad <= 10)
                pagoMensual = 50 * cantidad;
            else
                pagoMensual = (50 * cantidad) + (10 * (cantidad - 10));
            break;
        case "Inversión Platino":
            if (cantidad <= 8)
                pagoMensual = 80 * cantidad;
            else
                pagoMensual = (80 * cantidad) + (8 * (cantidad - 8));
            break;
        case "Inversión Oro":
            if (cantidad <= 5)
                pagoMensual = 150 * cantidad;
            else
                pagoMensual = (150 * cantidad) + (15 * (cantidad - 5));
            break;
    }

    //Imprimiendo el detalle de la proforma
    ListViewItem fila = new ListViewItem(tipo);
    fila.SubItems.Add(cantidad.ToString());
    fila.SubItems.Add(pagoMensual.ToString("0.00"));
    lvProforma.Items.Add(fila);
}

private void tsGeneral_Click(object sender, EventArgs e)
{
    //Determinar el monto total de personas aseguradas
    int totalAsegurados = 0;
    for (int i = 0; i < lvProforma.Items.Count; i++)
    {
        if (lvProforma.Items[i].SubItems[0].Text != "")
        totalAsegurados += int.Parse(lvProforma.Items[i].SubItems[1].Text);
    }

    //Determinar el monto total acumulado a cancelar
    double total = 0;
    for (int i = 0; i < lvProforma.Items.Count; i++)
    {
        if (lvProforma.Items[i].SubItems[0].Text != "")
```

```csharp
                    total += double.Parse(lvProforma.Items[i].SubItems[2].Text);
            }

            //Impresión de las estadísticas
            lvEstadísticas.Items.Clear();
            string[] elementosFila = new string[2];
            ListViewItem row;

            elementosFila[0] = "Total de personas aseguradas";
            elementosFila[1] = totalAsegurados.ToString();
            row = new ListViewItem(elementosFila);
            lvEstadísticas.Items.Add(row);

            elementosFila[0] = "Monto total a cancelar";
            elementosFila[1] = total.ToString("C");
            row = new ListViewItem(elementosFila);
            lvEstadísticas.Items.Add(row);
        }

        private void tsAnular_Click(object sender, EventArgs e)
        {
          DialogResult r = MessageBox.Show("¿Está seguro de anular la proforma?",
                                  "Seguros",
                                  MessageBoxButtons.YesNo,
                                  MessageBoxIcon.Exclamation);
            if (r == DialogResult.Yes)
            {
                txtRazon.Clear();
                cboTipo.Text = "(Seleccione tipo)";
                txtCantidad.Clear();
                txtRazón.Focus();
                lvProforma.Items.Clear();
                lvEstadísticas.Items.Clear();
            }
        }

        private void tsSalir_Click(object sender, EventArgs e)
        {
            DialogResult r = MessageBox.Show("¿Está seguro de salir?",
                                    "Seguros",
                                    MessageBoxButtons.YesNo,
                                    MessageBoxIcon.Exclamation);
            if (r == DialogResult.Yes) this.Close();
        }


    }
}
```

8. Acceda al evento **LOAD** del formulario e inserte el siguiente código:

```csharp
private void frmProforma_Load(object sender, EventArgs e)
{
    cboTipo.Text = "(Seleccione)";
    cboTipo.Items.Add("Inversión Clásica");
    cboTipo.Items.Add("Inversión Platino");
    cboTipo.Items.Add("Inversión Oro");
}
```

9. Debe cambiar el proyecto de inicio. Para ello haga clic derecho sobre el proyecto **Control de proformas** y seleccione **Establecer como proyecto de inicio.**

10. Antes de ejecutar la aplicación, ha de indicar qué formulario debe iniciare. Para eso tiene que entrar en el archivo **Program.cs,** que se encuentra en el explorador de proyectos.

```csharp
using System;
using System.Collections.Generic;
using System.Linq;
using System.Threading.Tasks;
using System.Windows.Forms;

namespace Control_de_Proformas
{
    internal static class Program
    {
        /// <summary>
        /// Punto de entrada principal para la aplicación.
        /// </summary>
        [STAThread]
        static void Main()
        {
            Application.EnableVisualStyles();
            Application.SetCompatibleTextRenderingDefault(false);
            Application.Run(new frmProforma());
        }
    }
}
```

11. Finalmente, pulse **F5** para probar la aplicación.

5.12 Caso resuelto 4: control de facturas (while)

La empresa SYSTEM S. A. C ha desarrollado un software de ventas, con diferentes tipos de licencia, que una serie de vendedores capacitados se han encargado de vender. Los vendedores necesitan registrar las ventas realizadas mediante una aplicación de control de facturas. Para ello, se necesita el nombre completo del vendedor, el número de factura, el tipo de licencia y las unidades vendidas.

Debemos tener en cuenta:

a. La aplicación al inicio debe mostrar la fecha de manera automática.

b. El registro de la factura debe aparecer en un cuadro de lista, con los datos propios de la venta, además del subtotal por cada factura.

c. Así mismo, deberá mostrarse el total registrado de las facturas, que es el acumulado de los subtotales.

d. Finalmente, se mostrarán las estadísticas del registro, como el total de unidades y el total acumulado por cada tipo de licencia.

e. El coste de venta de las licencias aparece en la siguiente tabla:

TIPO DE LICENCIA	PRECIO DE VENTA POR UNIDAD
Cobre	S/700.00
Bronce	S/900.00
Silver	S/1400.00
Gold	S/2500.00

f. Al iniciar la aplicación debe cargar los tipos de licencia.

g. El botón **REGISTRAR ÍTEM** envía los datos a un control ListView.

Veamos la solución:

1. Cree una solución llamada **Laboratorio05** (consulte el caso 1).

2. Agregue un proyecto de tipo **Windows Form(.Net Framework)** para C# llamado **Control de facturas.**

3. Agregue un formulario al proyecto llamado **frmFacturas.** El explorador de soluciones debe mostrarse de la siguiente manera:

4. Diseñe la GUI del caso, tal como se muestra en la siguiente imagen:

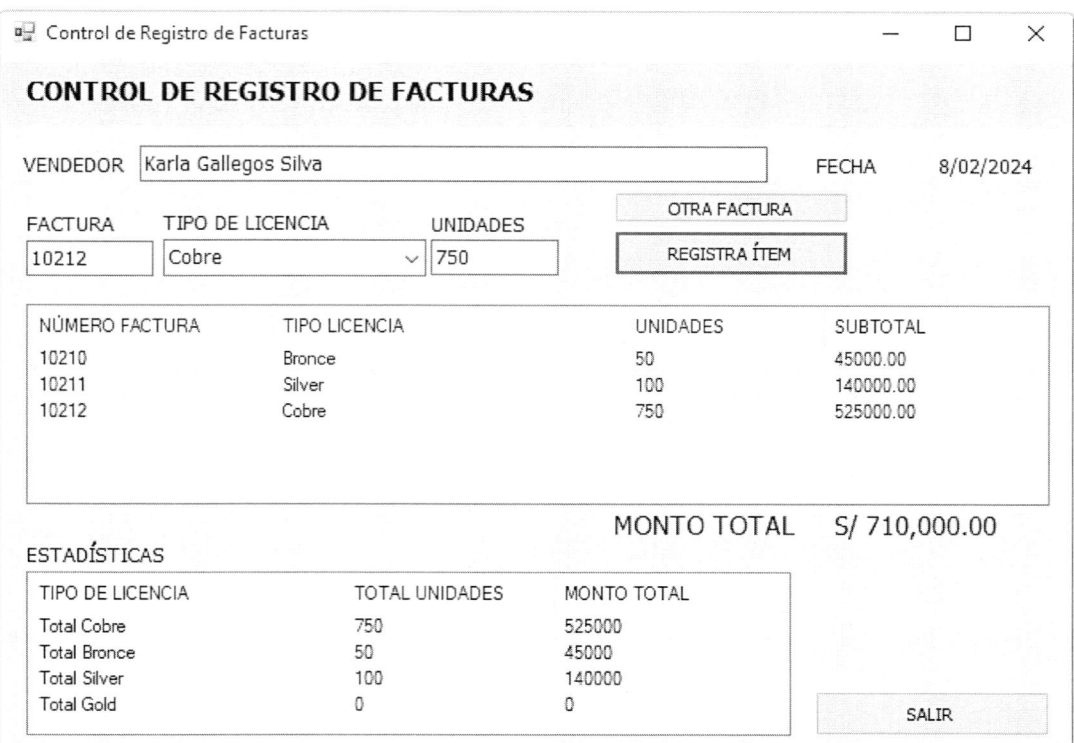

5. Modifique las propiedades de los controles.

CONTROL	PROPIEDAD	VALOR
Form1	(Name)	frmFacturas
	Text	Control de registro de facturas
Label1	Text	CONTROL DE REGISTRO DE FACTURAS
Label2	Text	VENDEDOR
Label3	Text	FECHA
Label4	(Name)	lblFecha
	Text	00/00/0000
Label5	Text	FACTURA
Label6	Text	TIPO DE LICENCIA
Label7	Text	UNIDADES
Label9	Text	ESTADÍSTICAS
Label10	Text	MONTO TOTAL
Label11	(Name)	lblTotal
	Text	00000.00
Textbox1	(Name)	txtVendedor
Textbox2	(Name)	txtFactura
Textbox3	(Name)	txtUnidades
ComboBox1	(Name)	cboTipo
Button1	(Name)	btnRegistrar
	Text	REGISTRAR ÍTEM
Button2	(Name)	btnOtro
	Text	OTRA FACTURA
GroupBox1	Text	REGISTRO DE FACTURAS
ListView1	(Name)	lvRegistros
	GridLines	True
ListView2	(Name)	lvEstadísticas
	GridLines	True

6. El código completo de la aplicación es:

```
using System;
using System.Collections.Generic;
using System.ComponentModel;
using System.Data;
using System.Drawing;
using System.Linq;
using System.Text;
using System.Threading.Tasks;
using System.Windows.Forms;

namespace Control_de_Facturas
```

```csharp
{
public partial class frmFacturas : Form
{
    public frmFacturas()
    {
        InitializeComponent();
    }

    private void btnRegistrar_Click(object sender, EventArgs e)
    {
        int i;

        //Capturando los datos
        int numFact = int.Parse(txtFactura.Text);
        string licencia = cboLicencia.Text;
        int unidades = int.Parse(txtUnidades.Text);

        //Determinar el precio de las licencias
        double precio = 0;
        switch (licencia)
        {
            case "Cobre": precio = 700; break;
            case "Bronce": precio = 900; break;
            case "Silver": precio = 1400; break;
            case "Gold": precio = 2500; break;
        }
        //Calculando el subtotal
        double subtotal = unidades * precio;

        //Enviando la información a la lista de registros
        ListViewItem fila = new ListViewItem(numFact.ToString());
        fila.SubItems.Add(licencia);
        fila.SubItems.Add(unidades.ToString());
        fila.SubItems.Add(subtotal.ToString("0.00"));
        lvRegistros.Items.Add(fila);

        //Calculando el monto total acumulado
        double mAcumulado = 0;
        i = 0;
        while (i < lvRegistros.Items.Count)
        {
          mAcumulado += double.Parse(lvRegistros.Items[i].SubItems[3].Text);
            i++;
        }
        lblTotal.Text = mAcumulado.ToString("C");

        //Calculando las estadísticas
        int cCobre = 0, cBronce = 0, cSilver = 0, cGold = 0;
        double tCobre = 0, tBronce = 0, tSilver = 0, tGold = 0;

        i = 0;
        while (i < lvRegistros.Items.Count)
        {
            if (lvRegistros.Items[i].SubItems[1].Text == "Cobre")
            {
                cCobre += int.Parse(lvRegistros.Items[i].SubItems[2].Text);
              tCobre += double.Parse(lvRegistros.Items[i].SubItems[3].Text);
            }
```

```
                else if (lvRegistros.Items[i].SubItems[1].Text == "Bronce")
                {
                    cBronce += int.Parse(lvRegistros.Items[i].SubItems[2].Text);
                 tBronce += double.Parse(lvRegistros.Items[i].SubItems[3].Text);
                }
                else if (lvRegistros.Items[i].SubItems[1].Text == "Silver")
                {
                    cSilver += int.Parse(lvRegistros.Items[i].SubItems[2].Text);
                 tSilver += double.Parse(lvRegistros.Items[i].SubItems[3].Text);
                }
                else if (lvRegistros.Items[i].SubItems[1].Text =="Gold")
                {
                    cGold += int.Parse(lvRegistros.Items[i].SubItems[2].Text);
                  tGold += double.Parse(lvRegistros.Items[i].SubItems[3].Text);
                }
                i++;
            }

            //Imprimiendo las estadísticas
            lvEstadísticas.Items.Clear();
            string[] elementosFila = new string[3];
            ListViewItem row;

            elementosFila[0] = "Total Cobre";
            elementosFila[1] = cCobre.ToString();
            elementosFila[2] = tCobre.ToString();
            row = new ListViewItem(elementosFila);
            lvEstadisticas.Items.Add(row);

            elementosFila[0] = "Total Bronce";
            elementosFila[1] = cBronce.ToString();
            elementosFila[2] = tBronce.ToString();
            row = new ListViewItem(elementosFila);
            lvEstadísticas.Items.Add(row);

            elementosFila[0] = "Total Silver";
            elementosFila[1] = cSilver.ToString();
            elementosFila[2] = tSilver.ToString();
            row = new ListViewItem(elementosFila);
            lvEstadísticas.Items.Add(row);

            elementosFila[0] = "Total Gold";
            elementosFila[1] = cGold.ToString();
            elementosFila[2] = tGold.ToString();
            row = new ListViewItem(elementosFila);
            lvEstadísticas.Items.Add(row);
        }

        private void btnOtro_Click(object sender, EventArgs e)
        {
            txtFactura.Clear();
            txtUnidades.Clear();
            cboLicencia.Text = "(Seleccione tipo)";
            txtFactura.Focus();
        }

        private void btnSalir_Click(object sender, EventArgs e)
        {
```

```
                    DialogResult r = MessageBox.Show("¿Está seguro de salir?",
                                        "Facturas",
                                        MessageBoxButtons.YesNo,
                                        MessageBoxIcon.Exclamation);
                if (r == DialogResult.Yes) this.Close();
            }
        }
    }
}
```

7. Acceda al evento **LOAD** del formulario e inserte el siguiente código:

```
private void frmFacturas_Load(object sender, EventArgs e)
{
    lblFecha.Text = DateTime.Now.ToShortDateString();
    cboLicencia.Text = "(Seleccione)";
    cboLicencia.Items.Add("Cobre");
    cboLicencia.Items.Add("Bronce");
    cboLicencia.Items.Add("Silver");
    cboLicencia.Items.Add("Gold");
}
```

8. Debe cambiar el proyecto de inicio: haga clic derecho sobre el proyecto **Control de facturas** y seleccione **Establecer como proyecto de inicio.**

9. Antes de ejecutar la aplicación, indique qué formulario tiene que iniciar. Para eso debe entrar en el archivo **Program.cs,** que se encuentra en el explorador de proyectos.

```
using System;
using System.Collections.Generic;
using System.Linq;
using System.Threading.Tasks;
using System.Windows.Forms;

namespace Control_de_Facturas
{
    internal static class Program
    {
        /// <summary>
        /// Punto de entrada principal para la aplicación.
        /// </summary>
        [STAThread]
        static void Main()
        {
            Application.EnableVisualStyles();
            Application.SetCompatibleTextRenderingDefault(false);
            Application.Run(new frmFacturas());
        }
    }
}
```

10. Finalmente, pulse **F5** para probar la aplicación.

5.13 Caso resuelto 5: control de venta de entradas (integración)

La empresa CINE-WORD, una cadena global de multicines, líder en su sector, ha decidido instalarse en la ciudad de Lima. Ha comenzado por ofrecer la venta de sus entradas (boletas) de forma corporativa, para lo que necesita una aplicación que asigne una categoría según la edad de cliente, y a partir de allí se apliquen los precios y descuentos.

Hay que tener en cuenta:

a. Al iniciar la aplicación, el cuadro combinado de las edades debe estar precargado.

b. El precio de las entradas varía según la categoría, tal como se muestra en la siguiente tabla:

EDAD	CATEGORÍA	DESCUENTO	PRECIO UNITARIO
03 - 12	Niño	20 %	S/10.00
13 - 17	Joven I	10 %	S/15.00
18 - 50	Joven II	5 %	S/25.00
51 - 65	Adulto I	10 %	S/15.00
>65	Adulto II	20 %	S/10.00

c. Al seleccionar una edad desde el cuadro combinado se debe mostrar automáticamente el precio y la categoría asignada.

d. El botón **REGISTRAR** envía los datos de la venta, como la categoría, el precio unitario, la cantidad de entradas, el subtotal (precio por la cantidad seleccionada), el descuento y el importe que pagar en un control **ListView**.

e. Finalmente, al pulsar **MOSTRAR** se deben mostrar las estadísticas del total acumulado de los subtotales, el total que la empresa deja de percibir por aplicar el descuento y los montos acumulados por cada tipo de categoría en un control **ListView**.

Solución:

1. Cree una solución llamada **Laboratorio05** (vea el caso 1).

2. Agregue un proyecto de tipo **Windows Form(.Net Framework)** para C# llamado **Control de boletas**.

3. Agregue un formulario al proyecto llamado **frmBoletas**. El explorador de soluciones debe mostrarse de la siguiente manera:

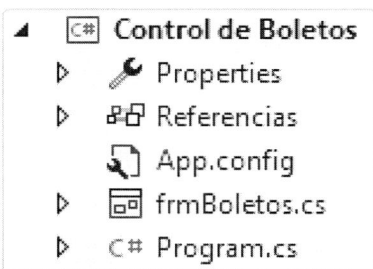

4. Diseñe la GUI del caso, tal como se muestra en la siguiente imagen:

5. Modifique las propiedades de los controles.

CONTROL	PROPIEDAD	VALOR
Form1	(Name)	frmBoletas
	Text	Control de registro de entradas
Label1	Text	CONTROL DE VENTA DE ENTRADAS
Label2	Text	RAZÓN SOCIAL
Label3	Text	EDAD
Label4	Text	PRECIO
Label5	(Name)	lblPrecio
	Text	0000.00
Label6	Text	CATEGORÍA
Label7	(Name)	lblCategoría
	Text	XXXXXXXX
Label8	Text	CANTIDAD
Textbox1	(Name)	txtRazón
Textbox2	(Name)	txtCantidad
GroupBox1	Text	REGISTRO DE ENTRADAS
ComboBox1	(Name)	cboEdad
Button1	(Name)	btnRegistrar
	Text	REGISTRAR
Button2	(Name)	btnEstadísticas
	Text	MOSTRAR ESTADÍSTICAS

ListView1	(Name)	lvRegistro
	GridLines	True
ListView2	(Name)	lvEstadísticas
	GridLines	True

6. El código completo de la aplicación es:

```csharp
using System;
using System.Collections.Generic;
using System.ComponentModel;
using System.Data;
using System.Drawing;
using System.Linq;
using System.Text;
using System.Threading.Tasks;
using System.Windows.Forms;

namespace Control_de_Boletas
{
    public partial class frBoletas : Form
    {
        double precio = 0;
        string categoría = "";

        public frmBoletas()
        {
            InitializeComponent();
        }

        private void btnRegistrar_Click(object sender, EventArgs e)
        {
            //Capturando los datos necesarios
            categoría = lblCategoría.Text;
            int cantidad = int.Parse(txtCantidad.Text);

            //Realizando los cálculos
            double subtotal = precio * cantidad;
            double descuento = 0;
            switch (categoría)
            {
                case "Niño": descuento = 20.0 / 100 * subtotal; break;
                case "Joven I": descuento = 10.0 / 100 * subtotal; break;
                case "Joven II": descuento = 5.0 / 100 * subtotal; break;
                case "Adulto I": descuento = 10.0 / 100 * subtotal; break;
                case "Adulto II": descuento = 20.0 / 100 * subtotal; break;
            }
            double importe = subtotal - descuento;

            //Imprimir en la lista
            ListViewItem fila = new ListViewItem(categoria);
            fila.SubItems.Add(precio.ToString("0.00"));
            fila.SubItems.Add(cantidad.ToString());
            fila.SubItems.Add(subtotal.ToString("0.00"));
            fila.SubItems.Add(descuento.ToString("0.00"));
```

```csharp
        fila.SubItems.Add(importe.ToString("0.00"));
        lvRegistro.Items.Add(fila);

        lvEstadísticas.Items.Clear();
}

private void btnMostrarEstadísticas_Click(object sender, EventArgs e)
{
    lvEstadísticas.Items.Clear();

    //Hallar el total sin descuento
    double tSubtotal = 0;
    int i;
    for (i = 0; i < lvRegistro.Items.Count; i++)
    {
        tSubtotal += double.Parse(lvRegistro.Items[i].SubItems[3].Text);
    }

    //Hallar el monto total que la empresa no percibe
    //los descuentos realizados
    double tDescuento = 0;
    i = 0;
    while (i < lvRegistro.Items.Count)
    {
      tDescuento += double.Parse(lvRegistro.Items[i].SubItems[4].Text);
        i++;
    }

    //Hallar el total acumulado por categoría
double aNiño = 0, aJovenI = 0, aJovenII = 0, aAdultoI = 0, aAdultoII = 0;
    i = 0;
    do
    {
        string categoría = lvRegistro.Items[i].SubItems[0].Text;
        switch (categoría)
        {
            case "Niño":
            aNiño += double.Parse(lvRegistro.Items[i].SubItems[5].Text);
                break;
            case "Joven I":
          aJovenI += double.Parse(lvRegistro.Items[i].SubItems[5].Text);
                break;
            case "Joven II":
         aJovenII += double.Parse(lvRegistro.Items[i].SubItems[5].Text);
                break;
            case "Adulto I":
         aAdultoI += double.Parse(lvRegistro.Items[i].SubItems[5].Text);
                break;
            case "Adulto II":
        aAdultoII += double.Parse(lvRegistro.Items[i].SubItems[5].Text);
                break;
        }
        i++;
    } while (i < lvRegistro.Items.Count);

    //Imprimiendo las estadísticas
    lvEstadísticas.Items.Clear();
```

```
            string[] elementosFila = new string[2];
            ListViewItem row;

            elementosFila[0] = "Monto total sin descuento";
            elementosFila[1] = tSubtotal.ToString("C");
            row = new ListViewItem(elementosFila);
            lvEstadísticas.Items.Add(row);

            elementosFila[0] = "Monto total que la empresa no percibe";
            elementosFila[1] = tDescuento.ToString("C");
            row = new ListViewItem(elementosFila);
            lvEstadísticas.Items.Add(row);

            elementosFila[0] = "Acumulado por categoría Niño";
            elementosFila[1] = aNiño.ToString("C");
            row = new ListViewItem(elementosFila);
            lvEstadísticas.Items.Add(row);

            elementosFila[0] = "Monto acumulado por categoría Joven I";
            elementosFila[1] = aJovenI.ToString("C");
            row = new ListViewItem(elementosFila);
            lvEstadisticas.Items.Add(row);

            elementosFila[0] = "Monto acumulado por categoría Joven II";
            elementosFila[1] = aJovenII.ToString("C");
            row = new ListViewItem(elementosFila);
            lvEstadísticas.Items.Add(row);

            elementosFila[0] = "Monto acumulado por categoría Adulto I";
            elementosFila[1] = aAdultoI.ToString("C");
            row = new ListViewItem(elementosFila);
            lvEstadísticas.Items.Add(row);

            elementosFila[0] = "Monto acumulado por categoría Adulto II";
            elementosFila[1] = aAdultoII.ToString("C");
            row = new ListViewItem(elementosFila);
            lvEstadísticas.Items.Add(row);
        }

        private void btnSalir_Click(object sender, EventArgs e)
        {
            DialogResult r = MessageBox.Show("¿Está seguro de salir?",
                                            "",
                                        MessageBoxButtons.YesNo,
                                        MessageBoxIcon.Exclamation);
            if (r == DialogResult.Yes) this.Close();
        }
    }
}
```

7. Acceda al evento **LOAD** del formulario e inserte el siguiente código:

```csharp
private void frmBoletas_Load(object sender, EventArgs e)
{
    cboEdad.Text = "";
    cboEdad.Items.Add("03-12");
    cboEdad.Items.Add("13-17");
    cboEdad.Items.Add("18-50");
    cboEdad.Items.Add("51-65");
    cboEdad.Items.Add(">65");
}
```

8. Acceda al evento **SelectedIndexChanged** del objeto **cboEdad** e inserte el siguiente código:

```csharp
private void cboEdad_SelectedIndexChanged(object sender, EventArgs e)
{
    //Capturando la edad seleccionada
    int edad = cboEdad.SelectedIndex;

    //Asignando el precio y categoría según la edad seleccionada
    switch (edad)
    {
        case 0: precio = 10; categoría = "Niño"; break;
        case 1: precio = 15; categoría = "Joven I"; break;
        case 2: precio = 25; categoría = "Joven II"; break;
        case 3: precio = 15; categoría = "Adulto I"; break;
        case 4: precio = 10; categoría = "Adulto II"; break;
    }
    //Mostrando el precio y la categoría
    lblPrecio.Text = precio.ToString("C");
    lblCategoría.Text = categoría;
}
```

9. Debe cambiar el proyecto de inicio. Haga clic derecho sobre el proyecto **Control de boletas** y seleccione **Establecer como proyecto de inicio.**

10. Antes de ejecutar la aplicación, indique qué formulario debe iniciarse. Para eso tiene que entrar en el archivo **Program.cs,** que se encuentra en el explorador de proyectos.

```csharp
using System;
using System.Collections.Generic;
using System.Linq;
using System.Threading.Tasks;
using System.Windows.Forms;

namespace Control_de_Boletas
{
    internal static class Program
    {
        /// <summary>
        /// Punto de entrada principal para la aplicación.
        /// </summary>
        [STAThread]
        static void Main()
        {
```

```
        Application.EnableVisualStyles();
        Application.SetCompatibleTextRenderingDefault(false);
        Application.Run(new frmEntradas());
    }
  }
}
```

11. Finalmente, pulse **F5** para probar la aplicación.

CAPÍTULO 6

Programación modular

6.1 Introducción

La programación actual emplea como método principal para resolver problemas la subdivisión del código en porciones más pequeñas, que son los llamados subprogramas. Para resolver un problema particular debemos encontrar todos los procesos necesarios para hallar esa solución, solo así encontraremos lo modular de la aplicación.

La idea principal es que una aplicación use esos bloques de código para un propósito específico, sin preocuparse por cómo llegue a implementarse. Podríamos decir que es como la caja negra de un avión: se sabe que entra y sale información, pero no cómo se pone todo en funcionamiento.

Esto no quiere decir que nos despreocupemos de la implementación de los módulos de una aplicación. Nuestra labor como programadores será codificar correctamente los módulos, de tal manera que la aplicación los use y devuelva la respuesta esperada.

Imagine que necesitamos una aplicación que permita calcular el neto y el descuento que debe recibir un empleado por trabajar un mes. Para ello se deben registrar las horas que trabaja y el coste por hora. En este caso los módulos podrían ser:

MÓDULOS	DESCRIPCIÓN
getEmpleado	Módulo que permite capturar el nombre del empleado.
getHoras	Módulo que permite capturar las horas trabajadas por el empleado.
getPagoHora	Módulo que permite capturar el pago por hora del empleado.
calculaImporte	Módulo que permite calcular el importe de pago del empleado, el cual resulta del producto entre las horas y el pago por hora.

calculaDescuento	Módulo que permite calcular el monto del descuento aplicado al importe generado al empleado.
calculaNeto	Módulo que permite calcular el monto neto a partir del importe y el descuento del empleado.

Un módulo dentro de la programación ofrece un conjunto de servicios a toda la aplicación, es decir, podrá interactuar entre todos sus procesos en cualquier momento. Así mismo, promueve la descomposición de un programa general en un subprograma independiente, ya que visualmente están separados, pero internamente siguen unidos.

Los módulos, también conocidos como rutinas, subprogramas o subrutinas, lo que permiten resolver un proceso de negocio mediante la separación del código.

6.2 Ámbito de las variables

Las variables son los elementos o miembros más importantes de una aplicación C#, ya que usa la política de tipado, o se, que todo lo que se usa dentro de la aplicación debe ser declarado obligatoriamente.

Si nos centramos en el proyecto de aplicaciones, debemos considerar que las variables son declaradas en dos lugares específicos. Los explicamos en la siguiente tabla:

ÁMBITO	DESCRIPCIÓN
Local	Las variables declaradas como locales solo pueden ser usadas dentro del proceso declarado. Una vez finalizado el proceso, la variable local se destruye.
Global	A las variables declaradas como globales se puede acceder desde cualquier proceso, ya que, al ser considerada global, su valor podrá ser usado en cualquier parte de la aplicación.

La declaración entre las variables locales y globales no presenta diferencias, por tanto, la declaración se representa de la siguiente manera:

```
Tipo_Datos nombreVariable;
```

A. Características de las variables locales

   a. Solo son utilizadas dentro del contexto donde se declaran.

   b. El valor asignado solo puede ser modificado dentro de su contexto.

   c. Cuando se apliquen contadores o acumuladores, estas variables deben tener un valor inicial obligatoriamente. Si es numérico entero, empiece con cero (0). Si es una cadena de caracteres, use comillas dobles. Si fuera un valor real, empiécelo con cero punto cero (0.0).

B. Características de las variables globales

   a. Pueden ser usadas en todos los procesos de la aplicación, pero no fuera, es decir, en otra aplicación.

   b. El valor asignado a una variable global puede ser modificado en cualquier momento.

   c. Toda variable global tiene asignado un valor inicial automáticamente, es decir, no será necesario inicializarlo.

d. Solo cuando finaliza la aplicación las variables globales perderán su valor; es decir, cuando la aplicación se haya ejecutado, la variable global siempre tendrá un valor.

6.3 Programación modular

Modular una aplicación es descomponerla en porciones más pequeñas, que llamaremos módulos. Estos módulos contienen un conjunto de sentencias que guardan un sentido lógico para la aplicación. Siempre se recomienda que se calcule cuantós módulos puede tener la aplicación antes de comenzar a implementarlos.

La programación modular es parte importante de la programación orientada a objetos, ya que la descomposición de una aplicación en porciones pequeñas ya se viene aplicando desde que Visual C# ejecuta toda su aplicación en módulos, llamados métodos, por ser un lenguaje orientado a objetos, y porque la aplicación se compone de clases. Veamos un gráfico con las invocaciones entre métodos:

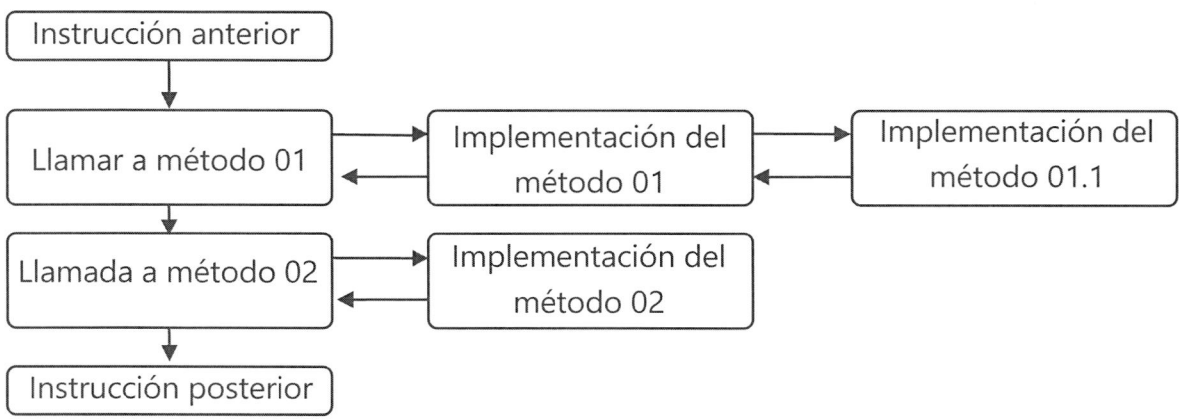

Estudiaremos cuatro métodos:

- Método sin valor de retorno sin parámetros
- Método sin valor de retorno con parámetros
- Método con valor de retorno sin parámetros
- Método con valor de retorno con parámetros

6.4 Método sin valor de retorno sin parámetros

La finalidad de este método es realizar una determinada tarea sin devolver valor alguno a quien lo invoca. Así mismo, no recibe ninguna variable como parámetro. Si usamos este método debemos tener claro cómo usar las variables locales y globales, ya que, al no recibir parámetros, estos se obtendrán desde las variables globales.

A. Formato

```
void método(){
    //Declaraciones de variables locales
    //Implementación del método
}
```

Donde:

- **void** es la palabra reserva que indica que el método no devolverá valor alguno, es decir, es un método sin valor de retorno.

- **método()** es el nombre que se le asignará al método. Siempre se recomienda empezar con un verbo, para así diferenciarlo de las variables locales y globales. Note que entre los paréntesis no debe haber nada escrito, por tratarse de unas especificaciones sin parámetros.

B. Implementaciones básicas para el uso de los métodos sin valor de retorno sin parámetros

a. Implementar el cálculo del promedio de cuatro notas declaradas como globales de un determinado alumno.

```
public partial class frmPrueba: Form
{
    //Sección de declaración de variables GLOBALES
    int nota1, nota2, nota3, nota4;
    double promedio;

    public frmPrueba()
    {
        InitializeComponent();
    }

    //Implementación del método
    void calculaPromedio()
    {
        Promedio = (nota1+nota2+nota3+nota4)/4.0;
    }
}
```

b. Implementar el cómputo de valores según la categoría (A, B, C) de un trabajador.

```
public partial class frmPrueba: Form
{
    //Sección de declaración de variables GLOBALES
    String categoría;
    int cA, cB, cC;

    double promedio;

    public frmPrueba()
    {
        InitializeComponent();
    }
```

```
//Implementación del método
void asignaConteos()
{
    switch(categoría){
            case "A": cA++; break;
            case "B": cB++; break;
            case "C": cC++; break;
    }
  }
}
```

c. Implementar la impresión de los valores de una aplicación de pagos, la cual cuenta con salario, descuento y neto.

```
public partial class frmPrueba: Form
{
    //Sección de declaración de variables GLOBALES
    String empleado;
    double salario, descuento, neto;

    public frmPrueba()
    {
        InitializeComponent();
    }

    //Implementación del método
    void imprimeValores()
    {
        ListViewItem fila=new ListViewItem(empleado)
        fila.subItems(salario.ToString("C"));
        fila.subItems(descuento.ToString("C"));
        fila.subItems(neto.ToString("C"));
lvReporte.Items.Add(fila);
    }
}
```

6.5 Método sin valor de retorno con parámetros

La finalidad de este método es realizar una determinada tarea sin devolver valor alguno a quien la invoca; lo que sí declara son parámetros de entrada. Hay que tener en cuenta que por los parámetros se pasarán los valores que necesita el método para realizarse.

A. Formato
```
void método(PARÁMETRO){
    //Declaraciones de variables locales
    //Implementación del método
}
```
Donde:

- **void** es la palabra reserva que indica que el método no devolverá valor alguno, es decir, es un método sin valor de retorno.

- **método(PARÁMETRO)** es el nombre que se le asignará al método. La definición de los parámetros se realiza como la declaración de una variable común.

B. Implementaciones básicas para el uso de los métodos sin valor de retorno con parámetros

a. Implementar el cálculo del promedio de cuatro notas de un determinado alumno.

```csharp
public partial class frmPrueba: Form
{
    //Sección de declaración de variables GLOBALES
    double promedio;

    public frmPrueba()
    {
        InitializeComponent();
    }

    //Implementación del método
    void calculaPromedio(int n1, int n2, int n3, int n4)
    {
        promedio = (n1+n2+n3+n4)/4.0;
    }
}
```

b. Implementar el cómputo de valores según la categoría (A, B, C) de un trabajador.

```csharp
public partial class frmPrueba: Form
{
    //Sección de declaración de variables GLOBALES
    int cA, cB, cC;

    double promedio;

    public frmPrueba()
    {
        InitializeComponent();
    }

    //Implementación del método
    void asignaConteos(string categoría)
    {
        switch(categoría){
                case "A": cA++; break;
                case "B": cB++; break;
                case "C": cC++; break;
        }
    }
}
```

c. Implementar la impresión de los valores de una aplicación de pagos, que cuente con salario, descuento y neto.

```csharp
public partial class frmPrueba: Form
{
    public frmPrueba()
    {
        InitializeComponent();
    }
}
```

```
    //Implementación del método
    void imprimeValores(string empleado, double salario,
                                double descuento, double neto)
    {
       ListViewItem fila=new ListViewItem(empleado)
       fila.subItems(salario.ToString("C"));
       fila.subItems(descuento.ToString("C"));
       fila.subItems(neto.ToString("C"));
   lvReporte.Items.Add(fila);
    }
 }
```

6.6 Método con valor de retorno sin parámetros

La finalidad de este método es realizar una determinada tarea y devolver un solo valor a quien la invoca. En este caso no contiene parámetros de entrada. Hay que tener en cuenta que los valores que se empleen dentro del método han de ser declarados como globales para asignarlos y usarlos.

A. Formato

```
tipo método(){
    //Declaraciones de variables locales
    //Implementación del método
}
```

Donde:

- **tipo** es la definición del tipo de datos de salida que tiene el método; es decir, como este método siempre devolverá un valor, hay que definir de qué tipo será esa salida.

- **método()** es el nombre que se le asignará al método. Como puede notar, no se definen parámetros, por lo tanto debemos usar las variables globales.

B. Implementaciones básicas para el uso de los métodos con valor de retorno sin parámetros

a. Implementar el cálculo del promedio de cuatro notas declaradas como globales de un determinado alumno.

```
public partial class frmPrueba: Form
{
    //Sección de declaración de variables GLOBALES
    int nota1, nota2, nota3, nota4;

    public frmPrueba()
    {
        InitializeComponent();
    }

    private void btnCalcular_Click(object sender, EventArgs e)
    {
       nota1=10;
       nota2=14;
       nota3=15;
       nota4=20;
```

```
        double promedio = calculaPromedio();
    }

    //Implementación del método
    double calculaPromedio()
    {
        return (nota1+nota2+nota3+nota4)/4.0;
    }
}
```

b. Implementar la asignación de coste de producto sabiendo que el producto A=20, B=30 y C=50.

```
public partial class frmPrueba: Form
{
    //Sección de declaración de variables GLOBALES
    string producto;

    public frmPrueba()
    {
        InitializeComponent();
    }

    private void btnCalcular_Click(object sender, EventArgs e)
    {
        producto ="A";
        double  = asignaCosto();
    }

    //Implementación del método
    double asignaCoste()
    {
        switch(producto){
                case "A": return 20; break;
                case "B": return 30; break;
                case "C": return 50; break;
        }
    }
}
```

6.7 Método con valor de retorno con parámetros

La finalidad de este método es realizar una determinada tarea devolviendo un solo valor a quien lo invoca. También define parámetros de entrada, los cuales pueden ser usados dentro de las sentencias del método.

A. Formato

```
tipo método(PARÁMETROS){
    //Declaraciones de variables locales
    //Implementación del método
}
```

Donde:

- **tipo** es la definición de la clase de datos de salida que tiene el método; es decir, como este método siempre devolverá un valor, hay que definir de qué tipo será esa salida.

- **método(PARÁMETRO)** es el nombre que se le asignará al método. Los parámetros de entrada se definen como una declaración de variables simples.

B. **Implementaciones básicas para el uso de los métodos con valor de retorno con parámetros**

a. Implementar el cálculo del promedio de cuatro notas declaradas como globales de un determinado alumno.

```
public partial class frmPrueba: Form
{
    public frmPrueba()
    {
        InitializeComponent();
    }

    private void btnCalcular_Click(object sender, EventArgs e)
    {
        int n1=10;
        int n2=20;
        int n3=14;
        int n4=15;

        double promedio = calculaPromedio(n1,n2,n3,n4);
    }

    //Implementación del método
    double calculaPromedio(int n1, int n2, int n3, int n4)
    {
        return (n1+n2+n3+n4)/4.0;
    }
}
```

b. Implementar la asignación de coste de producto, sabiendo que el producto A=20, B=30 y C=50.

```
public partial class frmPrueba: Form
{
    public frmPrueba()
    {
        InitializeComponent();
    }

    private void btnCalcular_Click(object sender, EventArgs e)
    {
        producto ="A";
        double costo = asignaCosto(producto);
    }

    //Implementación del método
    double asignaCosto(string producto)
    {
```

```
    switch(producto){
            case "A": return 20; break;
            case "B": return 30; break;
            case "C": return 50; break;
        }
    }
}
```

6.8 Expresiones lambda

A partir de la versión 2005 de Visual Studio se introdujo el concepto de métodos anónimos. Es así como algunos llaman a las expresiones lambda. Estas expresiones realizan un trabajo similar al de los métodos con valor de retorno. Lo que las diferencia es la forma de implementarlo, ya que permiten compactar el código de un determinado proceso.

A. Formato

```
Func <tEntrada, tSalida>  NombreExpresionLambda =
                          (aEntrada, aSalida) => variable = valor;

Func <tEntrada, tSalida>  NombreExpresiónLambda = (aEntrada, aSalida) =>{
  //Sentencias
 return valor;
};
```

Donde:

- **Func** es la palabra reservada que indica el inicio de la expresión lambda con operadores estándar.

- **tEntrada** representa el tipo de datos del parámetro de entrada que puede tener la expresión lambda. Este tipo se define dependiendo de la cantidad de parámetros que necesite la expresión. Hay que considerar que, si la expresión no necesita parámetros, entonces no se especificará el tipo **tEntrada.**

- **tSalida:** la característica de la función es devolver un valor a quien lo invoca. De ese modo la expresión lambda también especifica el tipo de datos de su valor resultante. **tSalida** representa el tipo de datos del valor resultante de la expresión lambda. Hay que tener en cuenta que siempre se debe definir, a pesar de no tener valores de entrada.

- **NombreExpresiónLambda** es el nombre asignado a la expresión lambda, a partir del cual será invocada por los procesos dentro de la aplicación.

- **(aEntrada, aSalida)** representa a los parámetros de entrada y salida que necesita la expresión lambda. Debe tener en cuenta que tiene que ser la misma cantidad de tipos de datos especificados en **tEntrada** y **tSalida.**

- **return valor** es la representación del valor resultante de la expresión lambda. Debe tener en cuenta que este valor ha de ser del mismo tipo que lo especificado en **tSalida.**

B. Comparación de una función convencional con una expresión lambda

a. Expresión lambda que permite calcular el promedio de tres notas.

```
Func<int, int, int, double> calculaPromedio = (n1, n2, n3) =>
      {
          return (n1 + n2 + n3) / 3.0;
};
```

La forma de invocar a la expresión lambda podría ser la siguiente:

```
MessageBox.Show("El promedio es: "+calculaPromedio(10,12,20));
```

b. Expresión lambda que permite mostrar la fecha actual.

```
Func<string> mostrarFecha = () => DateTime.Now.ToShortDateString();
```

La forma de invocación de la expresión podría ser la siguiente:

```
MessageBox.Show("La fecha actual es: "+mostrarFecha());
```

c. Expresión lambda que permite calcular el sueldo neto de un trabajador a partir de un sueldo base y un descuento.

```
Func<string, double> calculaBase = (categoría) =>
      {
              double cantidadBase=0;
              switch (categoría)
              {
                  case "A": cantidadBase = 2500; break;
                  case "B": cantidadBase = 2000; break;
                  case "C": cantidadBase = 1500; break;
                  case "D": cantidadBase = 1000; break;
              }
              return cantidadBase;
};
```

La forma de invocación de la expresión podría ser la siguiente:

```
MessageBox.Show("El sueldo base es: "+calculaBase("B"));
```

6.9 Caso: control de registro de llamadas

6.9.1 Desarrollo 1: métodos sin valor de retorno sin parámetros

La empresa Business-Vent, que presta servicios de **call center** en la ciudad de Lima, realiza el seguimiento de una cartera de clientes a los cuales se les vendió tarjetas de crédito, a solicitud de una determinada empresa. El **call center** necesita una aplicación que permita llevar el control de las llamadas que realizan sus operadores, de tal forma que quede registrado el tipo de llamada que se hace, el horario y la cantidad de minutos invertidos en cada una. La aplicación deberá mostrar igualmente el coste por minuto y el coste por llamada.

Debemos tener en cuenta lo siguiente:

a. Se tienen que usar métodos sin valor de retorno y sin parámetros.

b. Al iniciar la aplicación se debe mostrar la fecha de manera automática.

c. Así mismo, la aplicación debe mostrar la hora de manera automática.

d. El tipo de llamada y el horario deben ser seleccionados desde un cuadro combinado.

e. Al seleccionar un tipo de llamada, automáticamente se debe mostrar el coste según la tabla de coste por minuto.

f. La asignación de los costes y los descuentos por tipo se muestran en la siguiente tabla:

TIPO DE LLAMADA	COSTE POR MINUTO	DESCUENTO
Local nacional	S/0.20	30 %
Local internacional	S/0.50	20 %
Móvil nacional	S/1.20	10 %
Móvil internacional	S/2.20	30 %

El descuento se le aplica al importe calculado (coste por minuto por la cantidad de minutos llamados) según el tipo de llamada.

g. El coste por llamada resulta de la diferencia del importe de pago y el descuento aplicado.

h. El botón **REGISTRAR** envía los datos de las llamadas a un control **ListView,** que muestra el tipo de llamada, el horario de la llamada, los minutos, el coste por minuto y el coste por llamada.

i. Finalmente, pulsando un botón muestra las estadísticas en un control **ListView,** como el número de llamadas registradas de una duración de entre 10 y 30 minutos, el coste acumulado por tipo local nacional e internacional, móvil nacional e internacional, el monto mayor según el coste de llamada, el tipo de llamada con coste mayor, el horario con coste de llamada mayor.

Veamos la solución:

1. Cree una solución llamada **Laboratorio06.**

2. Agregue un proyecto de tipo **Windows Form(.Net Framework)** para C# llamado **Control de llamadas-1.**

3. Agregue un formulario al proyecto llamado **frmLlamadas.** El explorador de soluciones debe mostrarse de la siguiente manera:

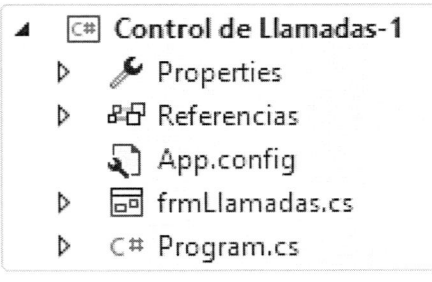

4. Diseñe la GUI del caso, tal como se muestra en la siguiente imagen:

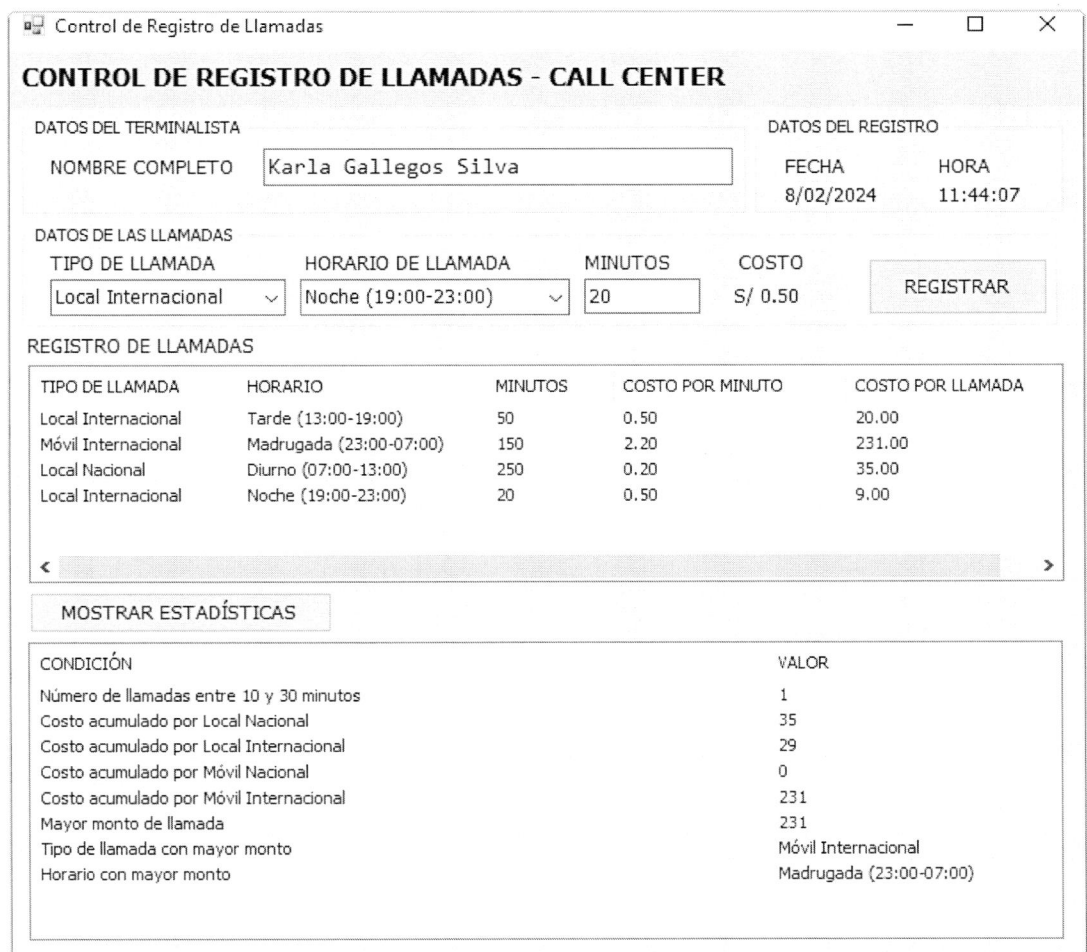

5. Modifique las propiedades de los controles.

CONTROL	PROPIEDAD	VALOR
Form1	(Name)	frmLlamadas
	Text	Control de registro de llamadas – Call Center
Label1	Text	CONTROL DE REGISTRO DE LLAMADAS – CALL CENTER
Label2	Text	NOMBRE COMPLETO
Label3	Text	FECHA
Label4	(Name)	lblFecha
	Text	lblFecha
Label5	Text	HORA
Label6	(Name)	lblHora
	Text	lblHora
Label7	Text	TIPO DE LLAMADA
Label8	Text	HORARIO DE LLAMADA
Label9	Text	MINUTOS

Label10	Text	COSTE
Label11	(Name)	lblCoste
	Text	lblCoste
Label12	Text	REGISTRO DE LLAMADAS
Textbox1	(Name)	txtNombre
Textbox2	(Name)	txtMinutos
ComboBox1	(Name)	cboTipo
ComboBox2	(Name)	cboHorario
Button1	(Name)	btnRegistrar
	Text	REGISTRAR
Button2	(Name)	btnEstadísticas
	Text	MOSTRAR ESTADÍSTICAS
GroupBox1	Text	DATOS DEL OPERADOR
GroupBox2	Text	DATOS DEL REGISTRO
GroupBox3	Text	DATOS DE LAS LLAMADAS
ListView1	(Name)	lvRegistro
	GridLines	True
ListView2	(Name)	lvEstadísticas
	GridLines	True
Timer1	(Name)	tHora
	Interval	1000

6. Agregue el siguiente código de solución. Aquí le recomiendo que haga doble clic en los botones **REGISTRAR** y **MOSTRAR ESTADÍSTICAS.**

```csharp
using System;
using System.Collections.Generic;
using System.ComponentModel;
using System.Data;
using System.Drawing;
using System.Linq;
using System.Text;
using System.Threading.Tasks;
using System.Windows.Forms;

namespace Control_de_Llamadas_1
{
    public partial class frmLlamadas : Form
    {
        //Declaración de variables GLOBALES
        string tipo;
        string horario;
        int minutos;
        double costoMinuto;
        double costoLlamada;

        double mayorPrecio;
```

```
string horarioMayor;
string tipoMayor;

//Contadores y acumuladores
int cLlamadas;
double aLocNac, aLocInt, aMovNac, aMovInt;

public frmLlamadas()
{
    InitializeComponent();
    tHora.Enabled = true;
}

private void btnRegistrar_Click(object sender, EventArgs e)
{
    //Capturando los datos
    horario = cboHorario.Text;
    minutos = int.Parse(txtMinutos.Text);

    //Determinar el  por minuto
    asignaCostoxMinuto();

    //Determinar el  por llamada
    asignaCostoxLlamada();

    //Imprimir el registro de llamadas
    imprimirRegistro();

    lvEstadísticas.Items.Clear();
}

private void btnEstadísticas_Click(object sender, EventArgs e)
{
    //Enviar los datos a la lista de estadísticas
    imprimirEstadísticas();
}

//Método que permite asignar el costo por minuto según el tipo de llamada
void asignaCostoxMinuto()
{
    //Capturando el tipo de llamada desde el cuadro combinado
    tipo = cboTipo.Text;

    //Asignando el costo por minuto según el tipo de llamada
    switch (tipo)
    {
        case "Local Nacional": costoMinuto = 0.20; break;
        case "Local Internacional": costoMinuto = 0.50; break;
        case "Móvil Nacional": costoMinuto = 1.20; break;
        case "Móvil Internacional": costoMinuto = 2.20; break;
    }
}

//Método que permite asignar por llamada según el horario
void asignaCostoxLlamada()
{

    //Variables locales
    double importe = Minuto * minutos;
```

```csharp
        double descuento = 0;

        //Asignando el descuento según el horario
        switch (horario)
        {
            case "Diurno (07:00-13:00)": descuento = importe * 0.3; break;
            case "Tarde (13:00-19:00)": descuento = importe * 0.2; break;
            case "Noche (19:00-23:00)": descuento = importe * 0.1; break;
            case "Madrugada (23:00-07:00)": descuento = importe * 0.3; break;
        }
        costoLlamada = importe - descuento;
    }

    //Método que permite imprimir los valores en la lista de registro
    void imprimirRegistro()
    {
        ListViewItem fila = new ListViewItem(tipo);
        fila.SubItems.Add(horario);
        fila.SubItems.Add(minutos.ToString());
        fila.SubItems.Add(Minuto.ToString("0.00"));
        fila.SubItems.Add(Llamada.ToString("0.00"));
        lvRegistro.Items.Add(fila);
    }

    //Método que permite mostrar los valores GLOBALES para la estadística
    void imprimirEstadísticas()
    {
        //Contar el número de llamadas de entre 10 y 30 minutos
        númeroLlamadas();

        //Total acumulado del costo por llamada por tipo
        Acumuladoxtipo();

        //Mayor coste por llamada, que por tipo y horario
        mayorPrecioLlamada();

        //Enviando los resultados a la lista de Estadísticas
        lvEstadísticas.Items.Clear();
        string[] elementosFila = new string[2];
        ListViewItem row;

        elementosFila[0] = "Número de llamadas de entre 10 y 30 minutos";
        elementosFila[1] = cLlamadas.ToString();
        row = new ListViewItem(elementosFila);
        lvEstadísticas.Items.Add(row);

        elementosFila[0] = "Costo acumulado por Local Nacional";
        elementosFila[1] = aLocNac.ToString();
        row = new ListViewItem(elementosFila);
        lvEstadísticas.Items.Add(row);

        elementosFila[0] = "Costo acumulado por Local Internacional";
        elementosFila[1] = aLocInt.ToString();
        row = new ListViewItem(elementosFila);
        lvEstadísticas.Items.Add(row);

        elementosFila[0] = "Costo acumulado por Móvil Nacional";
        elementosFila[1] = aMovNac.ToString();
        row = new ListViewItem(elementosFila);
```

```
        lvEstadísticas.Items.Add(row);

        elementosFila[0] = "Costo acumulado por Móvil Internacional";
        elementosFila[1] = aMovInt.ToString();
        row = new ListViewItem(elementosFila);
        lvEstadísticas.Items.Add(row);

        elementosFila[0] = "Mayor precio de llamada";
        elementosFila[1] = mayorPrecio.ToString();
        row = new ListViewItem(elementosFila);
        lvEstadísticas.Items.Add(row);

        elementosFila[0] = "Tipo de llamada con mayor precio";
        elementosFila[1] = tipoMayor;
        row = new ListViewItem(elementosFila);
        lvEstadísticas.Items.Add(row);

        elementosFila[0] = "Horario con mayor precio";
        elementosFila[1] = horarioMayor;
        row = new ListViewItem(elementosFila);
        lvEstadísticas.Items.Add(row);
    }

//Determinar el número de llamadas de entre 10 y 30 minutos
void númeroLlamadas()
{

    //Inicializar el contador de llamadas
    cLlamadas = 0;

    //Recorremos por todo los registros de la lista
    for (int i = 0; i < lvRegistro.Items.Count; i++)
    {
        //Capturamos los minutos
        int minutos = int.Parse(lvRegistro.Items[i].SubItems[2].Text);
        //Comparamos si los minutos se encuentran en el rango de 10 y 30
        if (minutos >= 10 && minutos <= 30) cLlamadas++;
    }
}

//Método que determina el total acumulado del costo por llamada
void Acumuladoxtipo()
{

    //Inicializar las variables acumuladoras en cero
    aLocNac = 0; aLocInt = 0; aMovNac = 0; aMovInt = 0;

    //Recorriendo por todos los registros
    for (int i = 0; i < lvRegistro.Items.Count; i++)
    {
        //Capturando el tipo de llamada
        string t = lvRegistro.Items[i].SubItems[0].Text;

        //Condicionar el tipo de llamadas para realizar la acumulación
        if (t == "Local Nacional")
            aLocNac += double.Parse(lvRegistro.Items[i].SubItems[4].Text);
        else if (t == "Local Internacional")
            aLocInt += double.Parse(lvRegistro.Items[i].SubItems[4].Text);
        else if (t == "Móvil Nacional")
```

```
                    aMovNac += double.Parse(lvRegistro.Items[i].SubItems[4].Text);
                else if (t == "Móvil Internacional")
                    aMovInt += double.Parse(lvRegistro.Items[i].SubItems[4].Text);
            }
        }

        //Método que determina el mayor precio de llamada
        void mayorPrecioLlamada()
        {

            //Inicializar la variable local posición
            int posicion = 0;

            //Inicializar la variable mayor con el primer costo de los registros
            mayorPrecio = double.Parse(lvRegistro.Items[0].SubItems[4].Text);

            //Recorrer por todos los registros
            for (int i = 0; i < lvRegistro.Items.Count; i++)
            {

                //Si uno de los costos es mayor que el valor asignado a la variable
                //mayor, entonces hemos encontrado el mayor de los elementos
                if (double.Parse(lvRegistro.Items[i].SubItems[4].Text) > mayorPrecio)
                {
                    mayorPrecio = double.Parse(lvRegistro.Items[i].SubItems[4].Text);
                    posición = i;
                }
            }

            tipoMayor = lvRegistro.Items[posición].SubItems[0].Text;
            horarioMayor = lvRegistro.Items[posición].SubItems[1].Text;
        }
    }
}
```

7. Acceda al evento **LOAD** del formulario e inserte el siguiente código:

```
private void frmLlamadas_Load(object sender, EventArgs e)
{
    //Mostrar la fecha actual
    lblFecha.Text = DateTime.Now.ToShortDateString();
}
```

8. Acceda al evento **SelectedIndexChanged** del objeto **cboTipo** e inserte el siguiente código:

```
private void cboTipo_SelectedIndexChanged(object sender, EventArgs e)
{
    //Asignar el costo por minuto
    asignaCostoxMinuto();
    lblCoste.Text = costoMinuto.ToString("C");
}
```

9. Acceda al evento **Tick** del objeto **tHora** e inserte el siguiente código:

```
private void tHora_Tick(object sender, EventArgs e)
{
    //Mostrar la hora
    lblHora.Text = DateTime.Now.ToString("hh:mm:ss");
}
```

10. Cambie el proyecto de inicio. Haga clic derecho sobre el proyecto **Control de planillas** y seleccione **Establecer como proyecto de inicio.**

11. Antes de ejecutar la aplicación, indique qué formulario debe iniciar. Para eso entre en el archivo **Program.cs,** que se encuentra en el explorador de proyectos.

```
using System;
using System.Collections.Generic;
using System.Linq;
using System.Threading.Tasks;
using System.Windows.Forms;

namespace Control_de_Llamadas_1
{
    internal static class Program
    {
        /// <summary>
        /// Punto de entrada principal para la aplicación.
        /// </summary>
        [STAThread]
        static void Main()
        {
            Application.EnableVisualStyles();
            Application.SetCompatibleTextRenderingDefault(false);
            Application.Run(new frmLlamadas());
        }
    }
}
```

12. Finalmente, pulse **F5** para probar la aplicación.

6.9.2 Desarrollo 2: métodos sin valor de retorno con parámetros

La empresa Business-Vent, que presta servicios de **call center** en la ciudad de Lima, realiza el seguimiento de una cartera de clientes a los cuales se les vendió tarjetas de crédito, a solicitud de una determinada empresa. El **call center** necesita una aplicación que permita llevar el control de las llamadas que realizan sus operadores, de tal forma que quede registrado el tipo de llamada que se hace, el horario y la cantidad de minutos invertidos en cada una. La aplicación deberá mostrar igualmente el coste por minuto y el coste por llamada.

Debemos tener en cuenta:

a. Hay que usar métodos sin valor de retorno con especificación de parámetros.

b. Al iniciar la aplicación se ha de mostrar la fecha de manera automática.

c. Así mismo, la aplicación tiene que mostrar la hora de manera automática.

d. El tipo de llamada y el horario deben ser seleccionados desde un cuadro combinado.

e. Al seleccionar un tipo de llamada, automáticamente se ha de mostrar el coste según la tabla de por minuto.

f. La asignación de los costes y descuentos por tipo se muestran en la siguiente tabla:

TIPO DE LLAMADA	COSTE POR MINUTO	DESCUENTO
Local nacional	S/0.20	30 %
Local internacional	S/0.50	20 %
Móvil nacional	S/1.20	10 %
Móvil internacional	S/2.20	30 %

El descuento se aplica al importe calculado (coste por minuto por la cantidad de minutos llamados) según el tipo de llamada.

g. El coste por llamada resulta de la diferencia entre el importe de pago y el descuento aplicado.

h. El botón **REGISTRAR** envía los datos de las llamadas a un control **ListView,** que muestra el tipo de llamada, el horario, los minutos, el coste por minuto y el coste por llamada.

i. Finalmente, al pulsar un botón se muestran las estadísticas en un control **ListView,** como el número de llamadas registradas de una duración de entre 10 y 30 minutos, el coste acumulado por tipo local nacional e internacional, móvil nacional e internacional, el precio mayor según el coste de la llamada, el tipo de llamada con coste mayor y el horario con coste de llamada mayor.

Veamos la solución:

1. Cree una solución llamada **Laboratorio06.**
2. Agregue un proyecto de tipo **Windows Form(.Net Framework)** para C# llamado **Control de llamadas-2.**
3. Agregue un formulario al proyecto llamado **frmLlamadas.** El explorador de soluciones debe mostrarse de la siguiente manera:

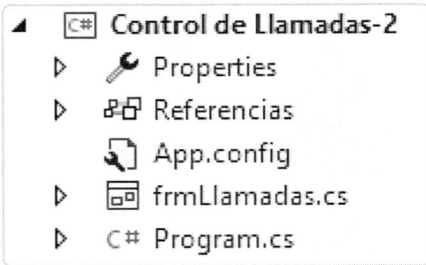

4. Diseñe la GUI del caso, tal como se muestra en la siguiente imagen:

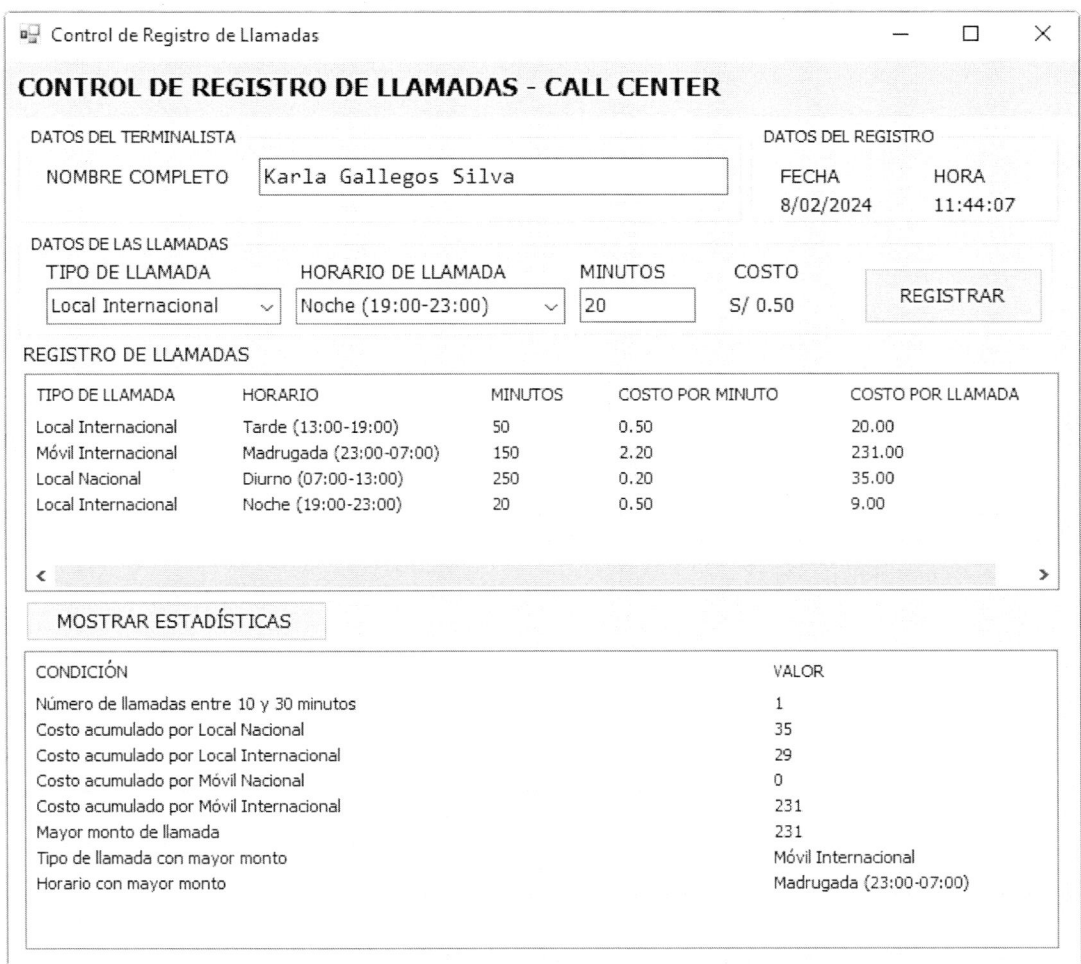

5. Modifique las propiedades de los controles.

CONTROL	PROPIEDAD	VALOR
Form1	(Name)	frmLlamadas
	Text	Control de registro de llamadas – Call Center
Label1	Text	CONTROL DE REGISTRO DE LLAMADAS – CALL CENTER
Label2	Text	NOMBRE COMPLETO
Label3	Text	FECHA
Label4	(Name)	lblFecha
	Text	lblFecha
Label5	Text	HORA
Label6	(Name)	lblHora
	Text	lblHora
Label7	Text	TIPO DE LLAMADA
Label8	Text	HORARIO DE LLAMADA
Label9	Text	MINUTOS
Label10	Text	COSTE

Label11	(Name)	lblCoste
	Text	lblCoste
Label12	Text	REGISTRO DE LLAMADAS
Textbox1	(Name)	txtNombre
Textbox2	(Name)	txtMinutos
ComboBox1	(Name)	cboTipo
ComboBox2	(Name)	cboHorario
Button1	(Name)	btnRegistrar
	Text	REGISTRAR
Button2	(Name)	btnEstadísticas
	Text	MOSTRAR ESTADÍSTICAS
GroupBox1	Text	DATOS DEL OPERADOR
GroupBox2	Text	DATOS DEL REGISTRO
GroupBox3	Text	DATOS DE LAS LLAMADAS
ListView1	(Name)	lvRegistro
	GridLines	True
ListView2	(Name)	lvEstadísticas
	GridLines	True
Timer1	(Name)	tHora
	Interval	1000

6. Agregue el siguiente código de solución. Aquí se recomienda hacer doble clic en los botones **REGISTRAR** y **MOSTRAR ESTADÍSTICAS.**

```
using System;
using System.Collections.Generic;
using System.ComponentModel;
using System.Data;
using System.Drawing;
using System.Linq;
using System.Text;
using System.Threading.Tasks;
using System.Windows.Forms;

namespace Control_de_Llamadas_2
{
    public partial class frmLlamadas : Form
    {
        //** Declaración de variables GLOBALES***//
        double costoMinuto;
        double costoLlamada;
        //** Fin de la declaración de GLOBALES **//

        public frmLlamadas()
        {
            InitializeComponent();
            tHora.Enabled = true;
```

```
}

private void btnRegistrar_Click(object sender, EventArgs e)
{
    //Capturando los datos
    string tipo = cboTipo.Text;
    string horario = cboHorario.Text;
    int minutos = int.Parse(txtMinutos.Text);

    //Determinar el costo por minuto
    asignaCostoxMinuto(tipo);

    //Determinar el coste por llamada
    asignaCostoxLlamada(horario, minutos);

    //Imprimir el registro de llamadas
    imprimirRegistro(tipo, horario, minutos);

    lvEstadísticas.Items.Clear();
}


private void btnEstadísticas_Click(object sender, EventArgs e)
{
    //Determinar el número de llamadas entre 10 y 30
    int cLlamadas = 0;
    for (int i = 0; i < lvRegistro.Items.Count; i++)
    {
        int minutos = int.Parse(lvRegistro.Items[i].SubItems[2].Text);
        if (minutos >= 10 && minutos <= 30) cLlamadas++;
    }

    //Determinar los valores acumulador por tipo de llamada
    double aLocNac = 0, aLocInt = 0, aMovNac = 0, aMovInt = 0;
    for (int i = 0; i < lvRegistro.Items.Count; i++)
    {
        //Capturando el tipo de llamada
        string t = lvRegistro.Items[i].SubItems[0].Text;
        if (t == "Local Nacional")
            aLocNac += double.Parse(lvRegistro.Items[i].SubItems[4].Text);
        else if (t == "Local Internacional")
            aLocInt += double.Parse(lvRegistro.Items[i].SubItems[4].Text);
        else if (t == "Móvil Nacional")
            aMovNac += double.Parse(lvRegistro.Items[i].SubItems[4].Text);
        else if (t == "Móvil Internacional")
            aMovInt += double.Parse(lvRegistro.Items[i].SubItems[4].Text);
    }

    //Determinar el mayor precio de llamada
    double mayorPrecio = double.Parse(lvRegistro.Items[0].SubItems[4].Text);
    int posición = 0;
    for (int i = 0; i < lvRegistro.Items.Count; i++)
    {
        if (double.Parse(lvRegistro.Items[i].SubItems[4].Text) > mayorPrecio)
        {
            mayorPrecio = double.Parse(lvRegistro.Items[i].SubItems[4].Text);
            posición = i;
        }
    }
```

```csharp
        string tipoMayor = lvRegistro.Items[posicion].SubItems[0].Text;
        string horarioMayor = lvRegistro.Items[posicion].SubItems[1].Text;

        //Mostrar los resultados en la lista de estadísticas
        imprimirEstadísticas(cLlamadas, aLocNac, aLocInt, aMovNac, aMovInt,
                            mayorPrecio, tipoMayor, horarioMayor);
}

//Asignación de costo por minuto según el tipo
void asignaCostoxMinuto(string tipo)
{
    switch (tipo)
    {
        case "Local Nacional": costoMinuto = 0.20; break;
        case "Local Internacional": costoMinuto = 0.50; break;
        case "Móvil Nacional": costoMinuto = 1.20; break;
        case "Móvil Internacional": costoMinuto = 2.20; break;
    }
}

//Asignar el costo por llamada según el horario
void asignaCostoxLlamada(string horario, int minutos)
{
    //Calculando el importe
    double importe = costoMinuto * minutos;

    //Determinado el descuento según el horario
    double descuento = 0;
    switch (horario)
    {
        case "Diurno (07:00-13:00)": descuento = importe * 0.3; break;
        case "Tarde (13:00-19:00)": descuento = importe * 0.2; break;
        case "Noche (19:00-23:00)": descuento = importe * 0.1; break;
        case "Madrugada (23:00-07:00)": descuento = importe * 0.3; break;
    }
    costoLlamada = importe - descuento;
}

//Enviando información a la lista lvRegistro
void imprimirRegistro(string tipo, string horario, int minutos)
{
    ListViewItem fila = new ListViewItem(tipo);
    fila.SubItems.Add(horario);
    fila.SubItems.Add(minutos.ToString());
    fila.SubItems.Add(costeMinuto.ToString("0.00"));
    fila.SubItems.Add(costeLlamada.ToString("0.00"));
    lvRegistro.Items.Add(fila);
}

//Enviando la información a la lista lvEstadísticas
void imprimirEstadísticas(int cLlamadas, double aLocNac, double aLocInt,
                        double aMovNac, double aMovInt, double mayorPrecio,
                        string tipoMayor, string horarioMayor)
{
    //Enviando los resultados
    lvEstadísticas.Items.Clear();
    string[] elementosFila = new string[2];
    ListViewItem row;
```

```
                elementosFila[0] = "Número de llamadas de entre 10 y 30 minutos";
                elementosFila[1] = cLlamadas.ToString();
                row = new ListViewItem(elementosFila);
                lvEstadísticas.Items.Add(row);

                elementosFila[0] = "Costo acumulado por Local Nacional";
                elementosFila[1] = aLocNac.ToString("C");
                row = new ListViewItem(elementosFila);
                lvEstadísticas.Items.Add(row);

                elementosFila[0] = "Costo acumulado por Local Internacional";
                elementosFila[1] = aLocInt.ToString("C");
                row = new ListViewItem(elementosFila);
                lvEstadísticas.Items.Add(row);

                elementosFila[0] = "Costo acumulado por Móvil Nacional";
                elementosFila[1] = aMovNac.ToString("C");
                row = new ListViewItem(elementosFila);
                lvEstadísticas.Items.Add(row);

                elementosFila[0] = "Costo acumulado por Móvil Internacional";
                elementosFila[1] = aMovInt.ToString("C");
                row = new ListViewItem(elementosFila);
                lvEstadísticas.Items.Add(row);

                elementosFila[0] = "Mayor precio de llamada";
                elementosFila[1] = mayorPrecio.ToString("C");
                row = new ListViewItem(elementosFila);
                lvEstadísticas.Items.Add(row);

                elementosFila[0] = "Tipo de llamada con mayor precio";
                elementosFila[1] = tipoMayor;
                row = new ListViewItem(elementosFila);
                lvEstadísticas.Items.Add(row);

                elementosFila[0] = "Horario con mayor precio";
                elementosFila[1] = horarioMayor;
                row = new ListViewItem(elementosFila);
                lvEstadísticas.Items.Add(row);
            }
        }
}
```

7. Acceda al evento **LOAD** del formulario e inserte el siguiente código:

```
private void frmLlamadas_Load(object sender, EventArgs e)
{
    //Mostrando la fecha actual
    lblFecha.Text = DateTime.Now.ToShortDateString();

    //Llenar los tipos de llamadas
    cboTipo.Items.Add("Local Nacional");
    cboTipo.Items.Add("Local Nacional");
    cboTipo.Items.Add("Local Nacional");
    cboTipo.Items.Add("Local Nacional");

    cboHorario.Items.Add("Diurno (07:00-13:00)");
```

```
        cboHorario.Items.Add("Tarde (13:00-19:00)");
        cboHorario.Items.Add("Noche (19:00-23:00)");
        cboHorario.Items.Add("Madrugada (23:00-07:00)");
}
```

8. Acceda al evento **SelectedIndexChanged** del objeto **cboTipo** e inserte el siguiente código:

```
private void cboTipo_SelectedIndexChanged(object sender, EventArgs e)
{
    //Asignar el costo por minuto
    asignaCostoxMinuto(cboTipo.Text);
    lblCosto.Text = costoMinuto.ToString("C");
}
```

9. Acceda al evento **Tick** del objeto **tHora** e inserte el siguiente código:

```
private void tHora_Tick(object sender, EventArgs e)
{
    //Mostrar la hora
    lblHora.Text = DateTime.Now.ToString("hh:mm:ss");
}
```

10. Debe cambiar el proyecto de inicio. Haga clic derecho sobre el proyecto **Control de llamadas** y seleccione **Establecer como proyecto de inicio.**

11. Antes de ejecutar la aplicación, indique qué formulario debe iniciar. Para eso debe entrar en el archivo **Program.cs,** que se encuentra en el explorador de proyectos.

```
using System;
using System.Collections.Generic;
using System.Linq;
using System.Threading.Tasks;
using System.Windows.Forms;

namespace Control_de_Llamadas_2
{
    internal static class Program
    {
        /// <summary>
        /// Punto de entrada principal para la aplicación.
        /// </summary>
        [STAThread]
        static void Main()
        {
            Application.EnableVisualStyles();
            Application.SetCompatibleTextRenderingDefault(false);
            Application.Run(new frmLlamadas());
        }
    }
}
```

12. Finalmente, pulse **F5** para probar la aplicación.

6.9.3 Desarrollo 3: método con valor de retorno sin parámetros

La empresa Business-Vent, que presta servicios de **call center** en la ciudad de Lima, realiza el seguimiento de una cartera de clientes a los cuales se les vendieron tarjetas de crédito, a solicitud de una determinada empresa. El **call center** necesita una aplicación que permita llevar el control de las llamadas que realizan sus operadores, de tal forma que quede registrado el tipo de llamada que se hace, el horario y la cantidad de minutos invertidos en cada una. La aplicación deberá mostrar igualmente el coste por minuto y el coste por llamada.

Debemos tener en cuenta lo siguiente:

a. Hay que emplear métodos con valor de retorno y sin especificación de parámetros.

b. Al iniciar la aplicación se debe mostrar la fecha de manera automática.

c. Así mismo, la aplicación tiene que mostrar la hora de manera automática.

d. El tipo de llamada y el horario han de seleccionarse desde un cuadro combinado.

e. Al elegir un tipo de llamada, automáticamente se debe mostrar el coste según la tabla de coste por minuto.

f. La asignación de los costes y descuentos por tipo se muestran en la siguiente tabla:

TIPO DE LLAMADA	COSTE POR MINUTO	DESCUENTO
Local nacional	S/0.20	30 %
Local internacional	S/0.50	20 %
Móvil nacional	S/1.20	10 %
Móvil internacional	S/2.20	30 %

El descuento se aplica al importe calculado (coste por minuto por la cantidad de minutos empleados en la llamada) según el tipo de llamada.

g. El coste por llamada resulta de la diferencia entre el importe de pago y el descuento aplicado.

h. El botón **REGISTRAR** envía los datos de las llamadas a un control ListView, que muestra el tipo de llamada, su horario, los minutos, el coste por minuto y el coste por llamada.

i. Finalmente, al pulsar un botón muestra las estadísticas en un control ListView, como el número de llamadas registradas con una duración de una duración de entre 10 y 30 minutos, el coste acumulado por tipo, local nacional e internacional, móvil nacional e internacional, el monto mayor según el coste de llamada, el tipo de llamada con coste mayor y el horario con coste de llamada.

Veamos la solución:

1. Cree una solución llamada **Laboratorio06.**

2. Agregue un proyecto de tipo **Windows Form(.Net Framework)** para C# llamado **Control de llamadas-3.**

3. Agregue un formulario al proyecto llamado **frmLlamadas.** El explorador de soluciones debe aparecer de la siguiente manera:

4. Diseñe la GUI del caso, tal como se muestra en la siguiente imagen:

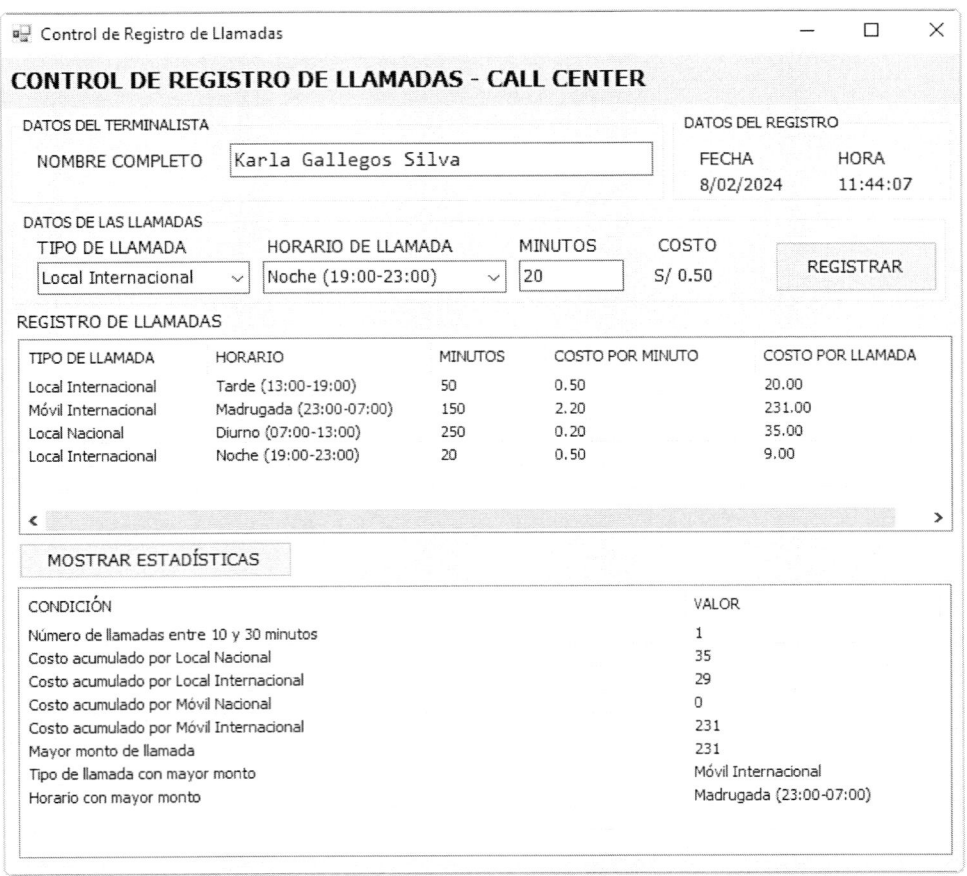

5. Modifique las propiedades de los controles.

CONTROL	PROPIEDAD	VALOR
Form1	(Name)	frmLlamadas
	Text	Control de registro de llamadas – Call Center
Label1	Text	CONTROL DE REGISTRO DE LLAMADAS – CALL CENTER
Label2	Text	NOMBRE COMPLETO
Label3	Text	FECHA
Label4	(Name)	lblFecha
	Text	lblFecha
Label5	Text	HORA

Label6	(Name)	lblHora
	Text	lblHora
Label7	Text	TIPO DE LLAMADA
Label8	Text	HORARIO DE LLAMADA
Label9	Text	MINUTOS
Label10	Text	COSTE
Label11	(Name)	lblCoste
	Text	lblCoste
Label12	Text	REGISTRO DE LLAMADAS
Textbox1	(Name)	txtNombre
Textbox2	(Name)	txtMinutos
ComboBox1	(Name)	cboTipo
ComboBox2	(Name)	cboHorario
Button1	(Name)	btnRegistrar
	Text	REGISTRAR
Button2	(Name)	btnEstadísticas
	Text	MOSTRAR ESTADÍSTICAS
GroupBox1	Text	DATOS DEL OPERADOR
GroupBox2	Text	DATOS DEL REGISTRO
GroupBox3	Text	DATOS DE LAS LLAMADAS
ListView1	(Name)	lvRegistro
	GridLines	True
ListView2	(Name)	lvEstadísticas
	GridLines	True
Timer1	(Name)	tHora
	Interval	1000

6. Agregue el siguiente código de solución. Aquí se recomienda hacer doble clic en los botones **REGISTRAR** y **MOSTRAR ESTADÍSTICAS.**

```
using System;
using System.Collections.Generic;
using System.ComponentModel;
using System.Data;
using System.Drawing;
using System.Linq;
using System.Text;
using System.Threading.Tasks;
using System.Windows.Forms;

namespace Control_de_Llamadas_3
{
    public partial class frmLlamadas : Form
    {
        public frmLlamadas()
```

```csharp
{
    InitializeComponent();
}

private void btnRegistrar_Click(object sender, EventArgs e)
{
    //Imprimir el registro de llamadas
    ListViewItem fila = new ListViewItem(getTipo());
    fila.SubItems.Add(getHorario());
    fila.SubItems.Add(getMinutos().ToString());
    fila.SubItems.Add(asignaCostoxMinuto().ToString("0.00"));
    fila.SubItems.Add(asignaCostoxLlamada().ToString("0.00"));
    lvRegistro.Items.Add(fila);

    lvEstadísticas.Items.Clear();
}

private void btnEstadísticas_Click(object sender, EventArgs e)
{
    //Determinar el total acumulado del costo por llamada por tipo
    double aLocNac = 0, aLocInt = 0, aMovNac = 0, aMovInt = 0;
    for (int i = 0; i < lvRegistro.Items.Count; i++)
    {
        //Capturando el tipo de llamada
        string t = lvRegistro.Items[i].SubItems[0].Text;
        if (t == "Local Nacional")
            aLocNac += double.Parse(lvRegistro.Items[i].SubItems[4].Text);
        else if (t == "Local Internacional")
            aLocInt += double.Parse(lvRegistro.Items[i].SubItems[4].Text);
        else if (t == "Móvil Nacional")
            aMovNac += double.Parse(lvRegistro.Items[i].SubItems[4].Text);
        else if (t == "Móvil Internacional")
            aMovInt += double.Parse(lvRegistro.Items[i].SubItems[4].Text);
    }

    //Enviando los resultados
    lvEstadísticas.Items.Clear();
    string[] elementosFila = new string[2];
    ListViewItem row;

    elementosFila[0] = "Número de llamadas de entre 10 y 30 minutos";
    elementosFila[1] = númeroLlamadas().ToString();
    row = new ListViewItem(elementosFila);
    lvEstadísticas.Items.Add(row);

    elementosFila[0] = "Costo acumulado por Local Nacional";
    elementosFila[1] = aLocNac.ToString("C");
    row = new ListViewItem(elementosFila);
    lvEstadísticas.Items.Add(row);

    elementosFila[0] = "CostO acumulado por Local Internacional";
    elementosFila[1] = aLocInt.ToString("C");
    row = new ListViewItem(elementosFila);
    lvEstadísticas.Items.Add(row);

    elementosFila[0] = "Costo acumulado por Móvil Nacional";
    elementosFila[1] = aMovNac.ToString("C");
    row = new ListViewItem(elementosFila);
```

```
        lvEstadísticas.Items.Add(row);

        elementosFila[0] = "Costo acumulado por Móvil Internacional";
        elementosFila[1] = aMovInt.ToString("C");
        row = new ListViewItem(elementosFila);
        lvEstadísticas.Items.Add(row);

        //Determinar el mayor precio de llamada
        double mayorPrecio = double.Parse(lvRegistro.Items[0].SubItems[4].Text);
        int posición = 0;
        for (int i = 0; i < lvRegistro.Items.Count; i++)
        {
            if (double.Parse(lvRegistro.Items[i].SubItems[4].Text) > mayorPrecio)
            {
                mayorPrecio = double.Parse(lvRegistro.Items[i].SubItems[4].Text);
                posición = i;
            }
        }

        elementosFila[0] = "Mayor precio de llamada";
        elementosFila[1] = mayorPrecio.ToString("C");
        row = new ListViewItem(elementosFila);
        lvEstadísticas.Items.Add(row);

        elementosFila[0] = "Tipo de llamada con mayor precio";
        elementosFila[1] = lvRegistro.Items[posición].SubItems[0].Text;
        row = new ListViewItem(elementosFila);
        lvEstadísticas.Items.Add(row);

        elementosFila[0] = "Horario con mayor precio";
        elementosFila[1] = lvRegistro.Items[posición].SubItems[1].Text;
        row = new ListViewItem(elementosFila);
        lvEstadísticas.Items.Add(row);
}

//Capturando los valores del formulario
string getTipo()
{
    return cboTipo.Text;
}

string getHorario()
{
    return cboHorario.Text;
}

int getMinutos()
{
    return int.Parse(txtMinutos.Text);
}

//Asignación de costo por minuto según el tipo
double asignaCostoxMinuto()
{
    double Minuto = 0;
    switch (cboTipo.Text)
    {
        case "Local Nacional": costoMinuto = 0.20; break;
```

```
                case "Local Internacional": costoMinuto = 0.50; break;
                case "Móvil Nacional": costoMinuto = 1.20; break;
                case "Móvil Internacional": costoMinuto = 2.20; break;
            }
            return costeMinuto;
        }

        //Asignar el costo por llamada según el horario
        double asignaCostoxLlamada()
        {
            //Calculando el importe
            double importe = asignaCostoxMinuto() * getMinutos();

            //Determinado el descuento según el horario
            double descuento = 0;
            switch (getHorario())
            {
                case "Diurno (07:00-13:00)": descuento = importe * 0.3; break;
                case "Tarde (13:00-19:00)": descuento = importe * 0.2; break;
                case "Noche (19:00-23:00)": descuento = importe * 0.1; break;
                case "Madrugada (23:00-07:00)": descuento = importe * 0.3; break;
            }
            return importe - descuento;
        }

        //Determinar el número de llamadas de entre 10 y 30 minutos
        int númeroLlamadas()
        {
            int cLlamadas = 0;
            for (int i = 0; i < lvRegistro.Items.Count; i++)
            {
                int minutos = int.Parse(lvRegistro.Items[i].SubItems[2].Text);
                if (minutos >= 10 && minutos <= 30) cLlamadas++;
            }
            return cLlamadas;
        }
    }
}
```

7. Acceda al evento **LOAD** del formulario e inserte el siguiente código:

```
private void frmLlamadas_Load(object sender, EventArgs e)
{
    //Mostrando la fecha actual
    lblFecha.Text = DateTime.Now.ToShortDateString();

    //Llenar los tipos de llamadas
    cboTipo.Items.Add("Local Nacional");
    cboTipo.Items.Add("Local Nacional");
    cboTipo.Items.Add("Local Nacional");
    cboTipo.Items.Add("Local Nacional");

    cboHorario.Items.Add("Diurno (07:00-13:00)");
    cboHorario.Items.Add("Tarde (13:00-19:00)");
    cboHorario.Items.Add("Noche (19:00-23:00)");
    cboHorario.Items.Add("Madrugada (23:00-07:00)");
}
```

8. Acceda al evento **SelectedIndexChanged** del objeto **cboTipo** e inserte el siguiente código:

```
private void cboTipo_SelectedIndexChanged(object sender, EventArgs e)
{
    //Asignar el costo por minuto
    asignaCostoxMinuto(cboTipo.Text);
    lblCosto.Text = costoMinuto.ToString("C");
}
```

9. Acceda al evento **Tick** del objeto **tHora** e insete el siguiente código:

```
private void tHora_Tick(object sender, EventArgs e)
{
    //Mostrar la hora
    lblHora.Text = DateTime.Now.ToString("hh:mm:ss");
}
```

10. Debe cambiar el proyecto de inicio: haga clic derecho sobre el proyecto **Control de llamadas-3** y seleccione **Establecer como proyecto de inicio.**

11. Antes de ejecutar la aplicación, indique qué formulario debe iniciar. Para eso tenemos que entrar en el archivo **Program.cs,** que se encuentra en el explorador de proyectos.

```
using System;
using System.Collections.Generic;
using System.Linq;
using System.Threading.Tasks;
using System.Windows.Forms;

namespace Control_de_Llamadas_3
{
    internal static class Program
    {
        /// <summary>
        /// Punto de entrada principal para la aplicación.
        /// </summary>
        [STAThread]
        static void Main()
        {
            Application.EnableVisualStyles();
            Application.SetCompatibleTextRenderingDefault(false);
            Application.Run(new frmLlamadas());
        }
    }
}
```

12. Finalmente, pulse **F5** para probar la aplicación.

6.9.4 Desarrollo 4: método con valor de retorno con parámetros

La empresa Business-Vent, que presta servicios de **call center** en la ciudad de Lima, realiza el seguimiento de una cartera de clientes a los cuales se les vendió tarjetas de crédito, a solicitud de una determinada empresa. El **call center** necesita una aplicación que permita llevar el control de las llamadas que realizan sus operadores, de tal forma que quede registrado el tipo de llamada que se hace, el horario y la cantidad de minutos invertidos en cada una. La aplicación deberá mostrar igualmente el coste por minuto y el coste por llamada.

Debemos tener en cuenta:

a. Se deben usar métodos con valor de retorno y con especificación de parámetros.

b. Al iniciar la aplicación hay que mostrar la fecha de manera automática.

c. Así mismo, la aplicación tiene que mostrar la hora de manera automática.

d. El tipo de llamada y el horario se deben seleccionar desde un cuadro combinado.

e. Al eleir un tipo de llamada, automáticamente se debe mostrar el coste según la tabla de coste por minuto.

f. La asignación de los costes y descuentos por tipo se muestran en la siguiente tabla:

TIPO DE LLAMADA	COSTE POR MINUTO	DESCUENTO
Local nacional	S/0.20	30 %
Local internacional	S/0.50	20 %
Móvil nacional	S/1.20	10 %
Móvil internacional	S/2.20	30 %

El descuento se aplica al importe calculado (coste por minuto por la cantidad de minutos llamados) según el tipo de llamada.

g. El coste por llamada resulta de la diferencia entre el importe de pago y el descuento aplicado.

h. El botón **REGISTRAR** envía los datos de las llamadas a un control **ListView,** que muestra el tipo de llamada, el horario de llamada, los minutos, el coste por minuto y el coste por llamada.

i. Finalmente, al pulsar un botón muestra las estadísticas en un control **ListView,** como el número de llamadas registradas de una duración entre 10 y 30 minutos, el acumulado por tipo local nacional e internacional, móvil nacional e internacional, el precio mayor según el coste de llamada, el tipo de llamada con coste mayor y el horario con coste de llamada mayor.

Veamos la solución:

1. Cree una solución llamada **Laboratorio06.**

2. Agregue un proyecto de tipo **Windows Form(.Net Framework)** para C# llamado **Control de llamadas-4.**

3. Agregue un formulario al proyecto llamado **frmLlamadas.** El explorador de soluciones debe mostrarse de la siguiente manera:

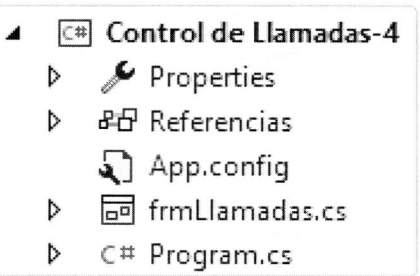

4. Diseñe la GUI del caso, tal como se muestra en la siguiente imagen:

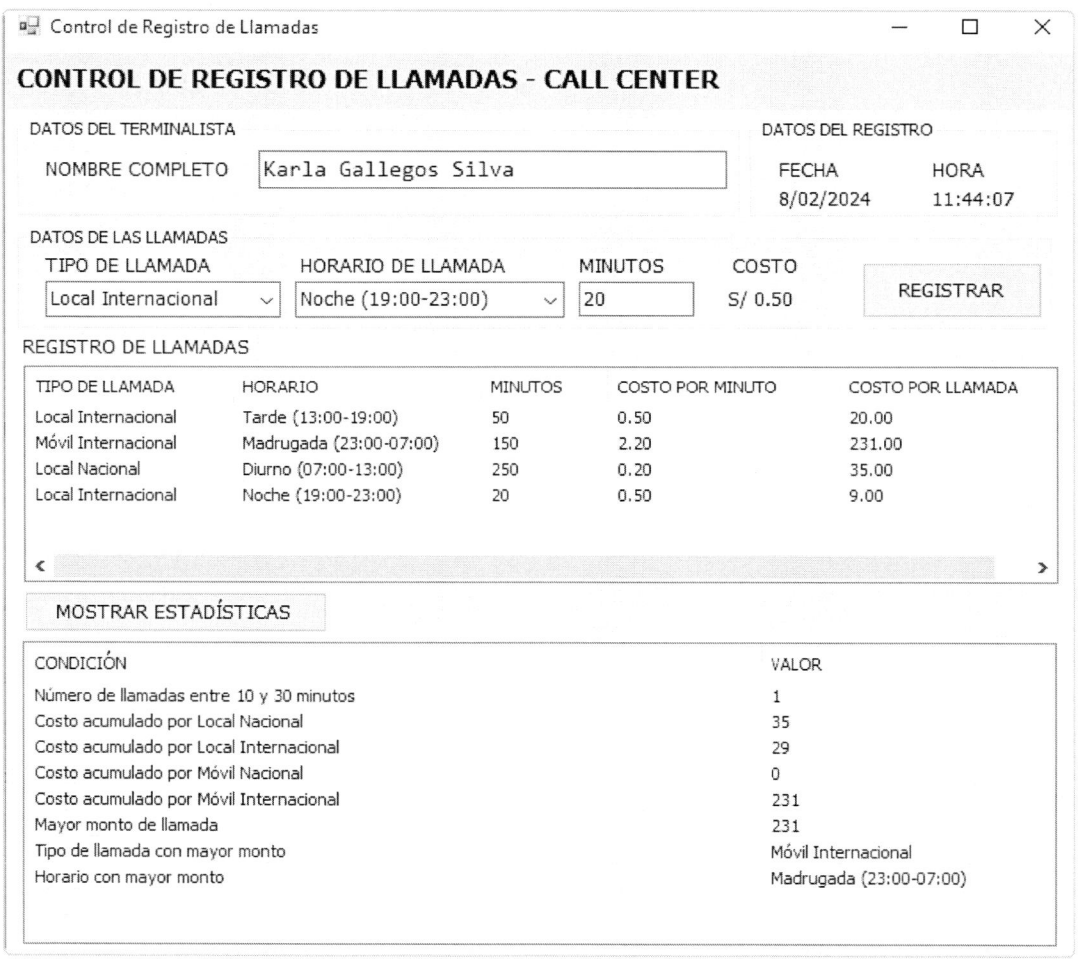

5. Modifique las propiedades de los controles.

CONTROL	PROPIEDAD	VALOR
Form1	(Name)	frmLlamadas
	Text	Control de registro de llamadas – Call Center
Label1	Text	CONTROL DE REGISTRO DE LLAMADAS – CALL CENTER
Label2	Text	NOMBRE COMPLETO
Label3	Text	FECHA

Label4	(Name)	lblFecha
	Text	lblFecha
Label5	Text	HORA
Label6	(Name)	lblHora
	Text	lblHora
Label7	Text	TIPO DE LLAMADA
Label8	Text	HORARIO DE LLAMADA
Label9	Text	MINUTOS
Label10	Text	COSTE
Label11	(Name)	lblCoste
	Text	lblCoste
Label12	Text	REGISTRO DE LLAMADAS
Textbox1	(Name)	txtNombre
Textbox2	(Name)	txtMinutos
ComboBox1	(Name)	cboTipo
ComboBox2	(Name)	cboHorario
Button1	(Name)	btnRegistrar
	Text	REGISTRAR
Button2	(Name)	btnEstadísticas
	Text	MOSTRAR ESTADÍSTICAS
GroupBox1	Text	DATOS DEL OPERADOR
GroupBox2	Text	DATOS DEL REGISTRO
GroupBox3	Text	DATOS DE LAS LLAMADAS
ListView1	(Name)	lvRegistro
	GridLines	True
ListView2	(Name)	lvEstadísticas
	GridLines	True
Timer1	(Name)	tHora
	Interval	1000

6. Agregue el siguiente código de solución. Aquí se recomienda hacer doble clic en los botones **REGISTRAR** y **MOSTRAR ESTADÍSTICAS.**

```
using System;
using System.Collections.Generic;
using System.ComponentModel;
using System.Data;
using System.Drawing;
using System.Linq;
using System.Text;
using System.Threading.Tasks;
using System.Windows.Forms;
```

```
namespace Control_de_Llamadas_4
{
    public partial class frmLlamadas : Form
    {
        public frmLlamadas()
        {
            InitializeComponent();
            tHora.Enabled = true;
        }

        private void btnRegistrar_Click(object sender, EventArgs e)
        {
            string tipo = cboTipo.Text;
            string horario = cboHorario.Text;
            int minutos = int.Parse(txtMinutos.Text);

            ListViewItem fila = new ListViewItem(tipo);
            fila.SubItems.Add(horario);
            fila.SubItems.Add(minutos.ToString());
            fila.SubItems.Add(asignaCostoxMinuto(tipo).ToString("0.00"));
            fila.SubItems.Add(asignaCostoxLlamada(horario).ToString("0.00"));
            lvRegistro.Items.Add(fila);

            lvEstadísticas.Items.Clear();
        }

        private void btnEstadísticas_Click(object sender, EventArgs e)
        {
            //Determinar el monto de llamadas de entre 10 y 30 minutos
            int cLlamadas = 0;
            for (int i = 0; i < lvRegistro.Items.Count; i++)
            {
                int minutos = int.Parse(lvRegistro.Items[i].SubItems[2].Text);
                if (minutos >= 10 && minutos <= 30) cLlamadas++;
            }

            //Determinar el monto acumulado de llamada por tipo
            double aLocNac = 0, aLocInt = 0, aMovNac = 0, aMovInt = 0;
            for (int i = 0; i < lvRegistro.Items.Count; i++)
            {
                //Capturando el tipo de llamada
                string t = lvRegistro.Items[i].SubItems[0].Text;
                if (t == "Local Nacional")
                    aLocNac += double.Parse(lvRegistro.Items[i].SubItems[4].Text);
                else if (t == "Local Internacional")
                    aLocInt += double.Parse(lvRegistro.Items[i].SubItems[4].Text);
                else if (t == "Móvil Nacional")
                    aMovNac += double.Parse(lvRegistro.Items[i].SubItems[4].Text);
                else if (t == "Móvil Internacional")
                    aMovInt += double.Parse(lvRegistro.Items[i].SubItems[4].Text);
            }

            //Enviando los resultados
            lvEstadísticas.Items.Clear();
            string[] elementosFila = new string[2];
            ListViewItem row;

            elementosFila[0] = "Número de llamadas de entre 10 y 30 minutos";
            elementosFila[1] = cLlamadas.ToString();
```

```
        row = new ListViewItem(elementosFila);
        lvEstadísticas.Items.Add(row);

        elementosFila[0] = "Costo acumulado por Local Nacional";
        elementosFila[1] = aLocNac.ToString("C");
        row = new ListViewItem(elementosFila);
        lvEstadísticas.Items.Add(row);

        elementosFila[0] = "Costo acumulado por Local Internacional";
        elementosFila[1] = aLocInt.ToString("C");
        row = new ListViewItem(elementosFila);
        lvEstadísticas.Items.Add(row);

        elementosFila[0] = "Costo acumulado por Móvil Nacional";
        elementosFila[1] = aMovNac.ToString("C");
        row = new ListViewItem(elementosFila);
        lvEstadísticas.Items.Add(row);

        elementosFila[0] = "Costo acumulado por Móvil Internacional";
        elementosFila[1] = aMovInt.ToString("C");
        row = new ListViewItem(elementosFila);
        lvEstadísticas.Items.Add(row);

        //Determinar el mayor precio de llamada
        double mayorPrecio = double.Parse(lvRegistro.Items[0].SubItems[4].Text);
        int posición = 0;
        for (int i = 0; i < lvRegistro.Items.Count; i++)
        {
            if (double.Parse(lvRegistro.Items[i].SubItems[4].Text) > mayorPrecio)
            {
                mayorPrecio = double.Parse(lvRegistro.Items[i].SubItems[4].Text);
                posición = i;
            }
        }

        elementosFila[0] = "Mayor precio de llamada";
        elementosFila[1] = mayorPrecio.ToString("C");
        row = new ListViewItem(elementosFila);
        lvEstadísticas.Items.Add(row);

        elementosFila[0] = "Tipo de llamada con mayor precio";
        elementosFila[1] = lvRegistro.Items[posición].SubItems[0].Text;
        row = new ListViewItem(elementosFila);
        lvEstadísticas.Items.Add(row);

        elementosFila[0] = "Horario con mayor precio";
        elementosFila[1] = lvRegistro.Items[posición].SubItems[1].Text;
        row = new ListViewItem(elementosFila);
        lvEstadísticas.Items.Add(row);
    }

    //IMPLEMENTACIÓN DE LOS MÉTODOS
    //Asignación de costo por minuto según el tipo
    double asignaCostoxMinuto(string tipo)
    {
        double Minuto = 0;
        switch (tipo)
        {
            case "Local Nacional": costoMinuto = 0.20; break;
```

```
                case "Local Internacional": costoMinuto = 0.50; break;
                case "Móvil Nacional": costoMinuto = 1.20; break;
                case "Móvil Internacional": costoMinuto = 2.20; break;
            }
            return costoMinuto;
        }

        //Asignar el costo por llamada según el horario
        double asignaCostoxLlamada(string horario)
        {
        double importe = asignaCostoxMinuto(cboTipo.Text) * int.Parse(txtMinutos.Text);

            double descuento = 0;
            switch (horario)
            {
                case "Diurno (07:00-13:00)": descuento = importe * 0.3; break;
                case "Tarde (13:00-19:00)": descuento = importe * 0.2; break;
                case "Noche (19:00-23:00)": descuento = importe * 0.1; break;
                case "Madrugada (23:00-07:00)": descuento = importe * 0.3; break;
            }
            return importe - descuento;
        }
    }
}
```

7. Acceda al evento **LOAD** del formulario e inserte el siguiente código:

```
private void frmLlamadas_Load(object sender, EventArgs e)
{
    //Mostrando la fecha actual
    lblFecha.Text = DateTime.Now.ToShortDateString();

    //Llenar los tipos de llamadas
    cboTipo.Items.Add("Local Nacional");
    cboTipo.Items.Add("Local Nacional");
    cboTipo.Items.Add("Local Nacional");
    cboTipo.Items.Add("Local Nacional");

    cboHorario.Items.Add("Diurno (07:00-13:00)");
    cboHorario.Items.Add("Tarde (13:00-19:00)");
    cboHorario.Items.Add("Noche (19:00-23:00)");
    cboHorario.Items.Add("Madrugada (23:00-07:00)");
}
```

8. Acceda al evento **SelectedIndexChanged** del objeto **cboTipo** e inserte el siguiente código:

```
private void cboTipo_SelectedIndexChanged(object sender, EventArgs e)
{
    //Asignar el costo por minuto
    asignaCostoxMinuto(cboTipo.Text);
    lblCosto.Text = costoMinuto.ToString("C");
}
```

9. Acceda al evento **Tick** del objeto **tHora** e inserte el siguiente código:

```csharp
private void cboTipo_SelectedIndexChanged(object sender, EventArgs e)
{
    //Asignar el costo por minuto
    asignaCostoxMinuto(cboTipo.Text);
    lblCosto.Text = costoMinuto.ToString("C");
}
```

10. Cambie el proyecto de inicio. Para ello haga clic derecho sobre el proyecto **Control de llamadas-4** y seleccione **Establecer como proyecto de inicio.**

11. Antes de ejecutar la aplicación, indique qué formulario debe iniciar. Para eso tiene que entrar en el archivo **Program.cs,** que se encuentra en el explorador de proyectos.

```csharp
using System;
using System.Collections.Generic;
using System.Linq;
using System.Threading.Tasks;
using System.Windows.Forms;

namespace Control_de_Llamadas_4
{
    internal static class Program
    {
        /// <summary>
        /// Punto de entrada principal para la aplicación.
        /// </summary>
        [STAThread]
        static void Main()
        {
            Application.EnableVisualStyles();
            Application.SetCompatibleTextRenderingDefault(false);
            Application.Run(new frmLlamadas());
        }
    }
}
```

12. Finalmente, pulse **F5** para probar la aplicación.

Programación orientada a objetos

7.1 Introducción

Mire a su alrededor y seguro que encuentra muchos objetos fáciles de seleccionar y manipular según su necesidad. De la misma manera sucede con la programación orientada a objetos. Esta usa elementos visuales que en realidad son objetos de una determinada clase. De esta manera, podemos encontrar el diseño de un formulario, por ejemplo un contenedor de objetos.

Veamos qué clases podemos encontrar en el siguiente formulario:

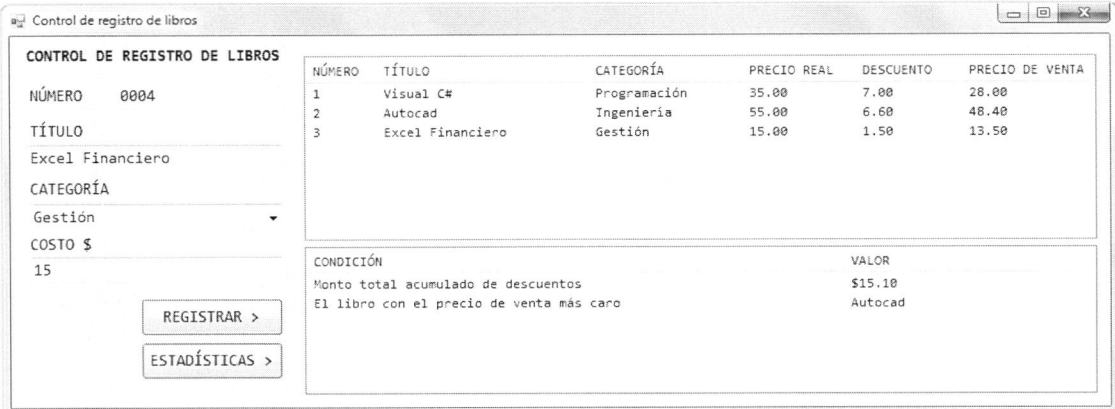

Figura 10. Formulario de registro

Para empezar, está la clase **Form,** que se representa mediante el objeto **form1.** Esta clase tiene la misión de contener otros objetos que componen un prototipo de la aplicación. En cambio, todos los elementos de tipo etiqueta pertenecen a la clase **Label,** mientras que las cajas de texto son de la clase **TextBox.** Los cuadros combinados pertenecen a la clase **CompBox.** Los botones de acciones pertenecen a la clase **Button.** y los cuadros de lista, a la clase **Listview.**

Las clases son representadas en una aplicación mediante objetos, que a su vez forman una aplicación visual.

En este capítulo vamos a ir más allá de la implementación de formularios o controles. Gracias a Visual Studio, el uso de los objetos se realiza arrastrando los controles desde el cuadro de herramientas, mientras que nosotros implementaremos clases que instanciarán a los objetos para usarlos dentro de la aplicación mediante código.

La programación orientada a objetos reúne un conjunto de técnicas para obtener calidad interna como medio para conseguir calidad externa (reutilización y extensibilidad). Esta idea se basa en dividir un programa en pequeñas unidades lógicas de código, a las que se les llama objetos.

El software se organiza como una colección de objetos que contienen tanto estructura como comportamiento. Por lo tanto, un programa orientado a objetos es una colección de clases que necesitará una función principal que cree objetos y comience la ejecución mediante la invocación de sus funciones miembro.

Los lenguajes de programación orientados a objetos tratan las aplicaciones como conjuntos de objetos que se ayudan entre sí para realizar acciones. Esto permite que los programas sean más fáciles de escribir, mantener y reutilizar en el tiempo.

7.2 Características de la programación orientada a objetos

Las principales características que presenta la programación orientada a objetos son:

A. Abstracción

Es la acción de separar las cualidades que puede presentar un objeto del mundo real. Esto quiere decir que no debemos preocuparnos por los detalles, sino que hemos de tratar de obtener los atributos necesarios de un objeto. Por ejemplo, la venta de un producto en un comercio: el cliente se limita a cogerlo de un estante, llevarlo a la caja y pagarlo. ¿Qué está pasando por alto ese cliente?

* No le han preocupado los insumos que se usaron para la elaboración del producto.

* No se ha preocupado por los impuestos que pagaron las empresas elaboradoras del producto que ha comprado.

En cambio, hay elementos que sí son necesarios tener en cuenta cuando efectuamos la compra. Por ejemplo:

* La fecha de caducidad del producto.

* El coste de venta del producto.

* El nombre de la empresa que lo fabrica.

A la acción de simplificar los elementos de un objeto la llamamos abstracción. El punto principal de la abstracción es justamente resumir los atributos y métodos de los objetos, y agruparlos en una determinada clase.

B. Encapsulamiento

Es el nivel de protección de los elementos que componen una clase, pues no es recomendado que el objeto pueda acceder directamente a los atributos de una clase. Encapsular significa envolver al atributo de tal forma que, aplicando un método, se envíe valor a sus objetos y se reciba valor de ellos. El encapsulamiento trabaja con un nivel de visibilidad de elementos públicos, privados y protegidos que estudiaremos en este capítulo.

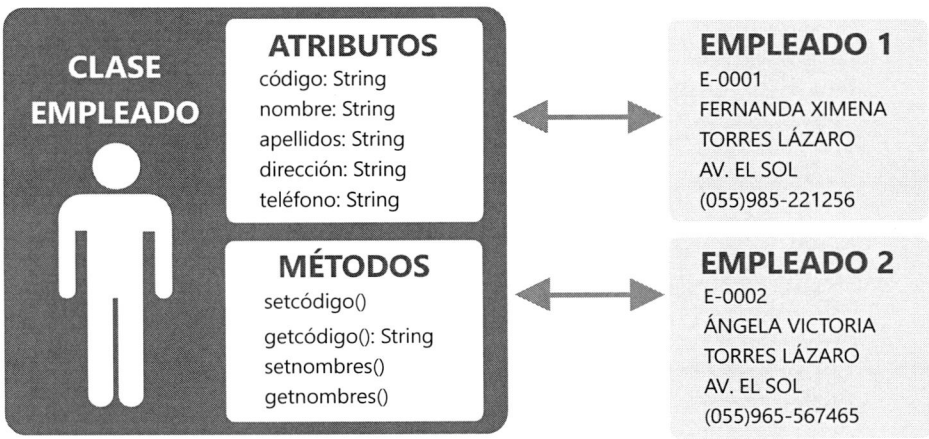

Figura 11. Encapsulamiento

En la figura 11 vemos que los atributos de un empleado pueden ser: código, nombre, apellidos, dirección y teléfono. Estos serán encapsulados mediante métodos que asignen y devuelvan valor, como **Get** y **Set.** El método **Set** asigna un valor al atributo. **Get** devuelve el valor a quien lo invoque.

C. Modularidad

Modularidad es la propiedad que permite subdividir una aplicación en partes más pequeñas, llamadas módulos. Cada una de estas partes debe ser tan independiente como sea posible de la aplicación en sí y de las partes restantes.

Figura 12. Modularidad

Como vemos en la figura 12, para un proceso de planilla de empleados se necesitan realizar muchas actividades, como calcular el pago mensual, los descuentos, los beneficios y el pago neto de un empleado. Estas actividades se implementarán en módulos visualmente separados, pero unidos a la vez para lograr el objetivo del proceso principal.

D. Polimorfismo

Es uno de los pilares de la programación orientada a objetos. El polimorfismo nos permite implementar métodos con el mismo nombre, pero que actúan de modo diferente. Podríamos nombrar la forma de calcular el sueldo de un empleado de una empresa que se diferencia de otro empleado por el tipo. En esta empresa un tipo de empleado tiene un salario fijo y otro cobra por comisión. En ambos casos se debe calcular el sueldo, pero se realizará de diferente forma.

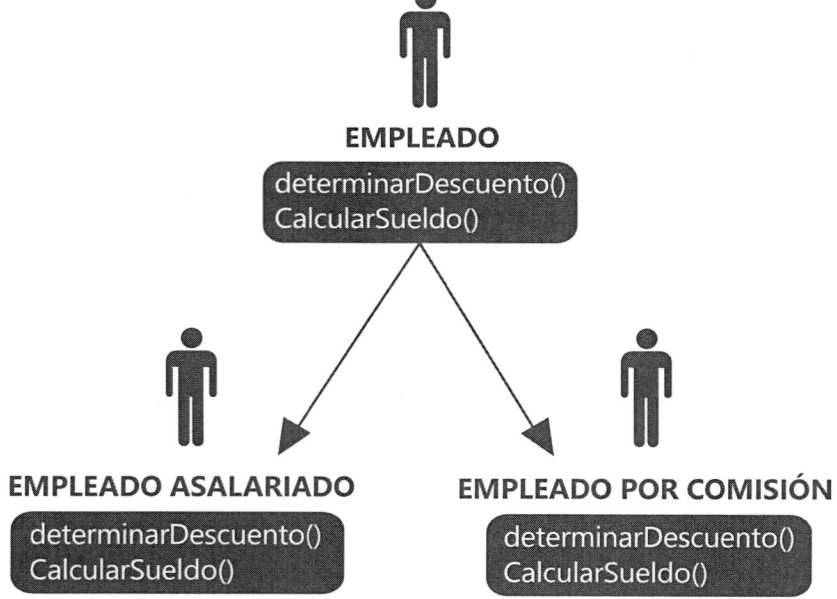

Figura 14. Polimorfismo

E. Herencia

Es una de las principales características de la programación orientada a objetos. En ella una clase hereda cualidades de otras. De este modo, una clase llamada **Base** puede reunir características comunes entre otras clases y las implementa dentro de ella, para luego heredarlas a las clases derivadas o hijas.

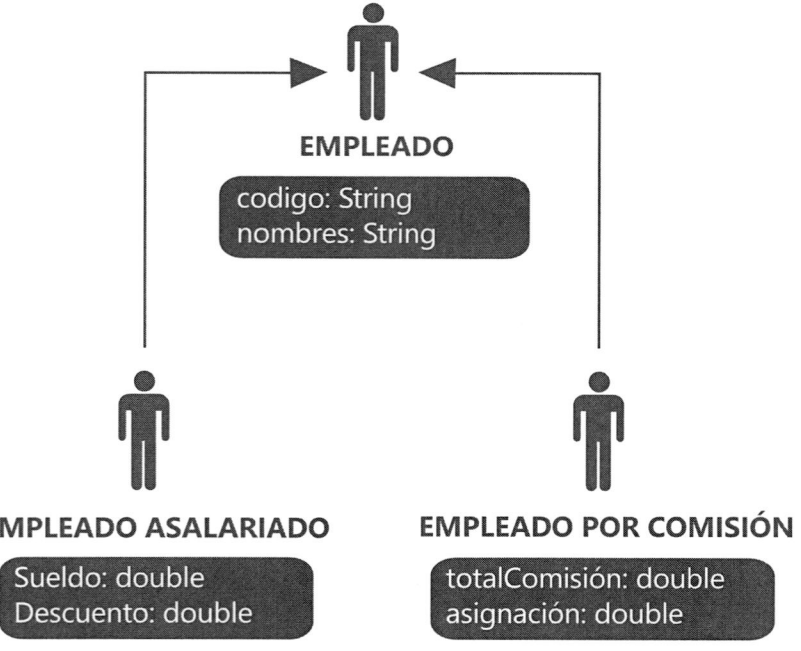

Figura 15. Herencia

Cuando se ejecuta un programa orientado a objetos, ocurren tres acciones:

- Se crean los objetos cuando se necesitan.

- Los mensajes se envían desde un objeto y se reciben en otro.

- Se borran los objetos cuando ya no son necesarios y se recupera la memoria ocupada por ellos.

En conclusión, podemos decir que la programación orientada a objetos estructura el programa en objetos que cooperan entre sí, que cada uno de ellos es instancia de alguna clase y que las clases están relacionadas casi siempre mediante herencias.

7.3 La clase

Para entender el concepto de clase debemos recordar que la programación modular era la ruptura del código en porciones más pequeñas, las cuales trabajaban integradas para cumplir un determinado objetivo. La clase tiene como misión reunir justamente esos bloques de código separado, para que se puedan usar en los diferentes objetos que se asocien a ella.

Una clase es una plantilla que especifica los atributos y los comportamientos de un determinado tipo de objeto, ya sea físico o abstracto. Podemos decir que una clase en Visual C# será considerada como un nuevo tipo de dato y que a partir de ella se podrán crear objetos.

CLASE
Atributo1: tipo Atributo2: tipo
Atributo3: tipo
Atributo4: tipo
Método1()
Método2()
Método3()
Método4()

En Visual Studio 2022 existen muchas formas de crear una clase. Supongamos que se necesita implementar la clase **Producto** en un proceso de negocio de venta de productos:

A. Primera forma: desde el menú de opciones

1. Dentro de una aplicación Windows Form de Visual C#.

2. Seleccione el menú **Proyecto > Agregar clase.**

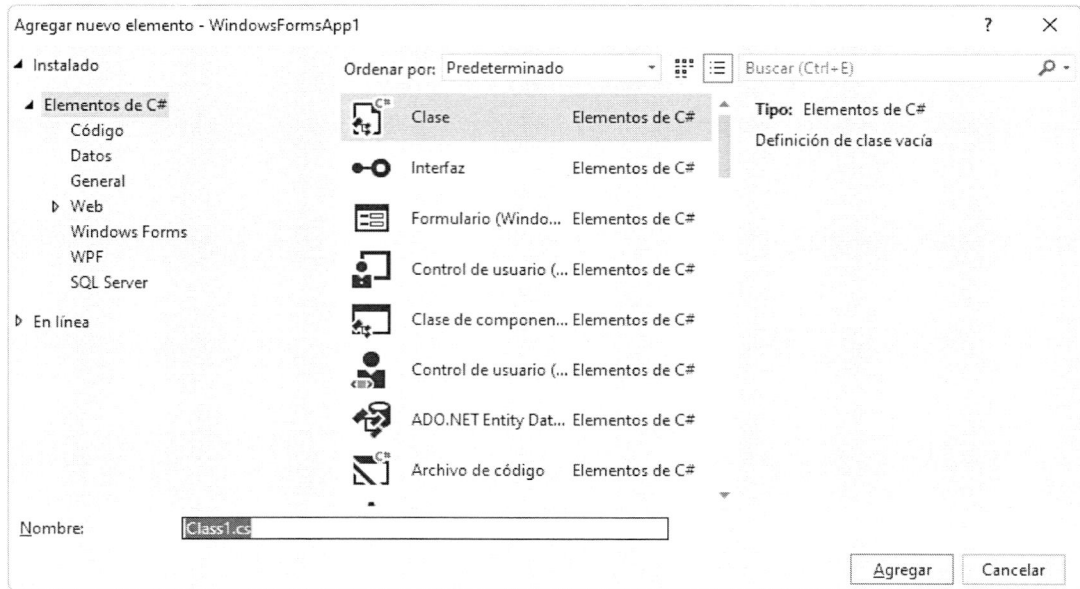

Figura 15. Agregar una clase

3. En la ventana que se muestra aparece seleccionado el elemento **Clase.** Tiene que asignarle el nombre a la clase, en este caso **Estudiante.** Así, el código generado para implementar la clase sería el siguiente:

```csharp
using System;
using System.Collections.Generic;
using System.Linq;
using System.Text;
using System.Threading.Tasks;

namespace WindowsFormsApp1
{
    internal class Estudiante
    {
    }
}
```

B. **Segunda forma: desde la ventana del explorador de soluciones**

1. Haga clic derecho sobre un proyecto desde la ventana **Explorador de soluciones.**

2. Seleccione **Agregar > Clase** y asigne un nombre a la clase.

C. **Tercera forma: mediante un diagrama de clase**

1. Haga clic derecho sobre el proyecto desde la ventana **Explorador de soluciones.**

2. Seleccione **Agregar > Nuevo elemento.**

3. Seleccione la categoría **General > Diagrama de clase.**

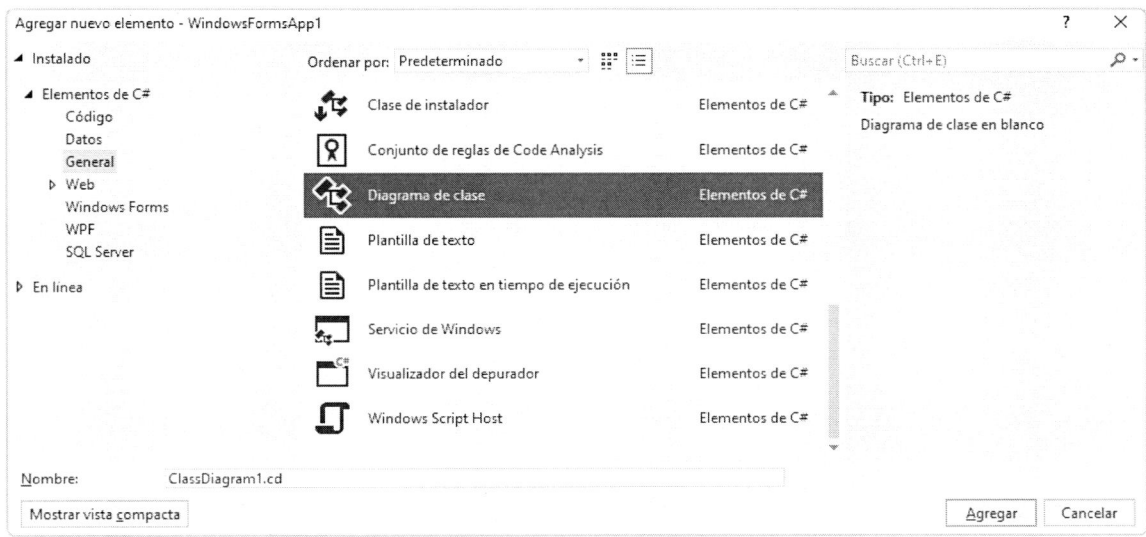

Figura 16. Agregar un diagrama de clase

4. Asigne un nombre al diagrama (por ejemplo, **Diagrama**) y pulse **Agregar.**

Figura 17. Entorno del diagramador de clase

5. A partir del entorno que aparece podrá agregar la clase. Haga clic derecho en el fondo del diseñador de clase y seleccione **Agregar > Clase.** Luego, asigne un nombre, como se muestra en la siguiente imagen:

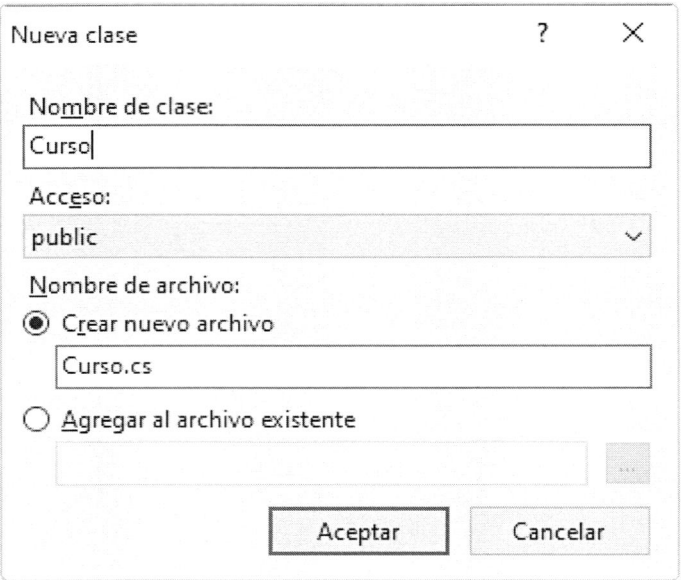

Figura 18. Creación de una clase

6. ¿Cómo se puede controlar la clase mediante la implementación gráfica? Ha de entender que esta tercera forma de creación solo es visual, pues internamente tiene código. Para llegar a él debe hacer doble clic sobre la clase desde el diseñador.

El código mostrado es exactamente igual al de la primera forma, tal como se muestra aquí:

```
using System;
using System.Collections.Generic;
using System.Linq;
using System.Text;

namespace WindowsFormsApp1
{
    public class Curso
    {
    }
}
```

7.4 Nivel de visibilidad

Una clase puede controlar qué partes de un programa tienen acceso a sus elementos miembros: variables miembro y métodos miembro. Una clase bien diseñada impide el acceso directo a sus variables miembro, proporcionando a cambio un conjunto de métodos de acceso que sirven como intermediarios entre las variables miembro y el mundo exterior. Esto permite vigilar el uso correcto de las variables miembro, pues los métodos de acceso pueden actuar como filtros que prueben los datos que se pretenden introducir en las variables miembro. Por otra parte, algunos métodos de la clase pueden ser necesarios solo desde el interior de la clase, por lo que han de quedar restringidos solo para uso interno.

Para controlar el acceso a los miembros de una clase, se usan especificadores o modificadores, que se anteponen a las declaraciones de los miembros que se van a controlar. Los especificadores de acceso se muestran en la siguiente tabla:

VISIBILIDAD	ACCESO A LOS MIEMBROS		
	Desde la misma clase	Desde una clase heredada	Desde el exterior de la clase
Public	SÍ	SÍ	SÍ
Private	SÍ	NO	NO
Protected	SÍ	SÍ	NO
Sin especificación	SÍ	NO	NO

La visibilidad de los miembros de una clase dependerá de la asociación que exista entre ellos. Eso quiere decir que, mediante los objetos, podemos acceder o no a los miembros de una clase. Finalmente, cabe tener en cuenta lo siguiente:

a. Otras clases podrán usar miembros especificados con visibilidad pública sin restricciones.

b. Se podrá acceder a los miembros con visibilidad privada solo en la clase en la que se implementaron.

c. Solo las clases heredadas podrán acceder a los miembros especificados como **protected.**

d. Se podrá acceder a los miembros sin especificación solo en la clase que los implementó. Es como si se especificara que ese miembro es privado.

7.5 Los atributos de clase

Los atributos son las características de una determinada clase. Estas deben definirse con un nivel de abstracción controlada por el usuario. Los atributos se encuentran asociados a clases y objetos, ya que es mediante ellos como podemos acceder a los miembros. Veamos cómo agregar atributos a una clase implementada en Visual Studio 2022:

A. Primera definición: completa

```
private int _atributo;
public int atributo
{
```

```
        Get { return _atributo; }
        Set { _atributo = value; }
}
```

Se especifica un atributo privado, el cual podrá ser referenciado mediante un objeto por medio de los métodos **Get** y **Set.** La definición inicial se le debe a **Set,** ya que es el encargado de asignar un valor al atributo privado. **Get,** por su parte, envía el valor del atributo privado asignado por **Set.** Veamos el siguiente caso:

Si tenemos la clase **Curso** y necesitamos especificar un atributo llamado descripción, de tipo **string,** se implementaría en la clase sería de la siguiente manera:

```
using System;
using System.Collections.Generic;
using System.Linq;
using System.Text;

namespace WindowsFormsApp1
{
    public class Curso
    {
            private string _descripción;

            public string descripción
            {
                    get { return _descripción; }
                    set { _descripción = value; }
            }
    }
}
```

Si se requiere enviar información al atributo **descripción,** el método **Set** recibirá la información proporcionada, mientras que, si queremos imprimir o usar la información, se activará el método **Get.** No es necesario especificar el método que se va a usar, pues Visual entenderá cuál será el necesario.

B. Segunda definición: corta

```
public string descripción { get; set; }
```

Se especifica de forma resumida las propiedades **Get** y **Set,** de tal forma que en una sola línea se define todo. La forma de acceder y obtener información es la misma de la definición completa. Por tanto, **Set** se encargará de recibir la información, mientras que **Get** enviará la información solicitada.

7.6 Los objetos

Los objetos para la programación son entidades del mundo real que están asociados a una determinada clase. Por ellas sí puede tener acceso a los atributos y a métodos definidos dentro de ella. Todo esto dependerá de la visibilidad que implemente la clase a sus métodos o atributos.

Entonces, un objeto representa un ejemplar de una clase. Si asumimos que el objeto pertenece a una clase, entonces podemos decir que ese objeto tendrá acceso a todos los elementos que componen la clase.

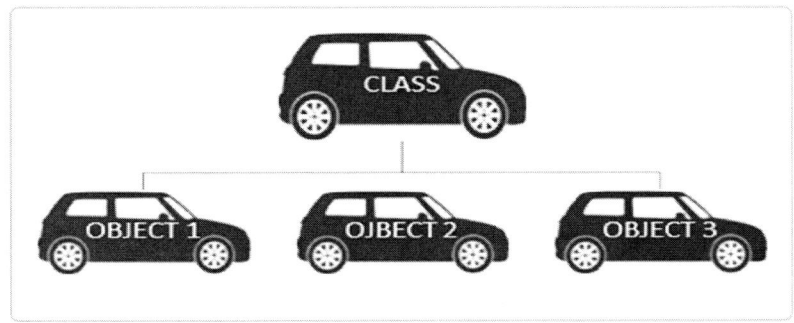

Figura 19. Clase y objeto

Fuente: https://www.c-sharpcorner.com/blogs/class-and-object-in-c-sharp

7.6.1 Creación de un objeto

El código para crear un objeto es el siguiente:

```
Clase objeto = new clase();
```

Primero se especifica el nombre de la clase. Seguidamente, el nombre del objeto, que es el encargado de representar a la clase. Luego, el operador **New,** que se encarga de crear el objeto. Finalmente, se hace referencia al método constructor de la clase.

Si contamos con la clase **Empleado** y necesitamos crear un objeto de esa clase, podemos usar los siguientes códigos:

A. Primera forma

```
Empleado objEmp = new Empleado();
```

B. Segunda forma

```
Empleado objEmp;
objEmp = new Empleado();
```

Ambas formas cumplen con el objetivo: crear el objeto de la clase **Empleado.** La diferencia solo radica en la cantidad de líneas usadas. Además, en la primera forma se crea el objeto directamente, mientras que en la segunda se declara primero el objeto y luego se crea. Este último podría usarse cuando se necesite una clase **Forma global** en una aplicación.

7.6.2 Enviando información a los atributos de la clase por medio del objeto

Una vez creada la clase, podemos acceder a todos los miembros públicos declarados dentro de ella. Veamos el caso de cómo asignar valores a sus atributos:

Tenemos la clase **Empleado** con la siguiente estructura de clase:

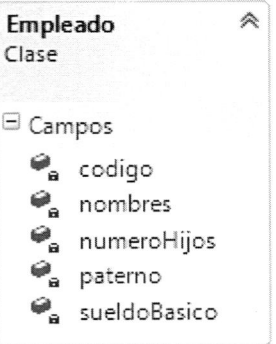

a. Enviando valores directos: los valores pueden ser asignados directamente a los atributos públicos de la clase **Empleado.** Todo esto mediante el objeto **objE.**

```
Empleado objE = new Empleado();
objE.código = "E001";
objE.nombres= "María";
objE.paterno = "Zamora";
objE.númeroHijos = 3;
objE.sueldoBásico = 3500.00;
```

b. Enviando valores indirectos: los valores pueden ser asignados a variables locales, las cuales luego podrán ser asignadas a los atributos públicos de la clase **Empleado** mediante el objeto **objE.**

```
string código = «E001»;
string nombres = "María";
string paterno = "Zamora";
int númeroHijos = 3;
double sueldoBásico = 3500.00;

Empleado objE = new Empleado();
objE.código = código;
objE.nombres= nombres;
objE.paterno = paterno;
objE.númeroHijos = númeroHijos;
objE.sueldoBásico = sueldoBásico;
```

c. Enviando valores calculados: no necesariamente pueden enviarse valores directos, también pueden ser valores que provengan de algún calculo. Eso dependerá mucho del proceso de negocio que se esté implementando.

```
double básico = 2500;
Empleado objE = new Empleado();
objE.código = "E001";
objE.nombres= "María";
objE.paterno = "Zamora";
objE.númeroHijos = 3;
objE.sueldoBásico = básico+(50/100.0 * básico);
```

7.6.3 Usando la información de los atributos de clase por medio del objeto

Una vez que los valores han llegado a la clase por medio de la propiedad Set, estos pueden ser recuperados para miles de acciones, como realizar impresiones, cálculos, etc.

Tenemos la clase Empleado con la siguiente estructura, asumiendo que la clase tiene valores asignados mediante un objeto llamado objE:

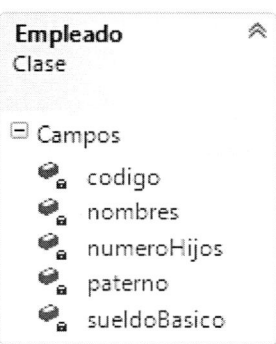

a. **Imprimir los valores directamente:** es decir, solicitamos el valor de la clase mediante el objeto.

```
MessageBox.Show("El código es: "+objE.código);
lblNombres.Text = objE.nombres;
lstR.Items.Add(objE.númeroHijos)
```

b. **Imprimir los valores indirectamente:** es decir, solicitamos el valor de la clase mediante el objeto y lo enviamos a las variables. Entonces podemos imprimirlos.

```
String cod = objE.código;
String nom = objE.nombres;
Int númHijos = objE.númHijos;

MessageBox.Show("El código es: "+ cod);
lblNombres.Text = nom;
lstR.Items.Add(númHijos)
```

c. **Realizar cálculos:** habitualmente se usan los valores de los atributos para realizar cálculos o usarlos dentro de estructuras como If, For o While.

```
double descuento = objE.sueldoBásico * 0.15;
if (objE.númeroHijos > 3)
```

7.7 Método constructor

El método constructor permite inicializar los valores que contiene una clase por medio del objeto. Por este motivo cuando se crea un objeto se hace referencia a este método. También debemos considerar que solo se ejecuta cuando algún elemento instancia a la clase, es decir, crea un objeto.

A. Formato de un constructor vacío

```
public MétodoConstructor()
{
}
```

B. Formato de un constructor con especificación de parámetros

```
public MétodoConstructor(tipo parámetro)
{
   this.atributo  = parámetro;
}
```

Hemos de tener en cuenta que todo constructor debe obligatoriamente ser visible para todo el público. Además, una característica especial de este método es que tiene que ser nombrado con el mismo nombre de la clase.

Si tenemos la clase **Pago** e implementamos su método constructor, el código podría ser el siguiente:

```
public class Pago
    {
        private int númPago;
        private DateTime fecha;
        private string deudor;

        public Pago(int númPago, DateTime fecha, string deudor){
            this.númPago = númPago;
            this.fecha = fecha;
            this.deudor = deudor;
        }
    }
```

La creación del objeto a partir de la implementación del método constructor varía de la siguiente manera:

```
//Asignando valor a las variables
int número = 1;
string f = "01/08/2011";
DateTime fecha = Convert.ToDateTime(f);
string deudor = "Fernanda Torres";

//Creando el objeto
Pago objp = new Pago(número,fecha,deudor);
```

7.8 Caso resuelto: tique de venta (clase Objeto)

La empresa de venta de juegos OFERTA-TOP, dedicada a la distribución de artículos para el entretenimiento, ha decidido implementar una aplicación que permita controlar las ventas de sus productos. Para ello debemos generar un tique de venta (boleta) donde se registre el nombre del cliente, la dirección, la fecha de la compra y el número de DNI del cliente. Además, deberá seleccionar un producto e introducir una cantidad para determinar el importe a pagar por la compra de ciertos productos que ofrece la empresa.

Debemos tener en cuenta:

a. Implemente la clase **Boleta** que contenga los atributos: número de tique, nombre, dirección, DNI del cliente, fecha de registro, descripción del producto y cantidad comprada. Además, la clase debe implementar los métodos **determinarPrecio** (que se encarga de asignar un precio a un determinado producto) y **calculaImporte** (que se encarga de calcular lo que se paga importe por la compra de un producto).

b. Al iniciar la aplicación se debe mostrar el número autogenerado del tique con el formato "00000", usando la expresión lambda. Así mismo, tiene que mostrarse la fecha de registro del tique de manera automática.

c. Los precios de los productos son los de la siguiente tabla:

DESCRIPCIÓN DEL PRODUCTO	PRECIO UNITARIO
PS4 + 2 MANDO DS4	S/2049.00
PS4 + 1 MANDOS DS4	S/1899.00
PS3 (500GB)	S/1349.00
MANDO PS4/DS4	S/219.00
MANDO PS3/DS4	S/199.00

d. Al seleccionar un producto desde el cuadro combinado, automáticamente se debe mostrar su precio.

e. Mostrar el monto total acumulado de los importes.

f. Mostrar un resumen de registro de los tiques e imprimir todos los registrados en la aplicación, además de la fecha del registro, el total de productos comprados y el precio total.

g. El botón **AÑADIR** sirve para agregar un producto a la lista de detalle, según el número de tique que se encuentre registrando.

h. El botón **REGISTRAR TIQUE** se usa para registrar la información importante que tiene el registro del tique, como los números de los tiques, las fechas de registro, el total de productos comprados y el precio total acumulado por cada tique registrado.

i. También se podría eliminar algún producto de la lista. Esto se consigue haciendo doble clic en un producto registrado. Aparece la siguiente pregunta:

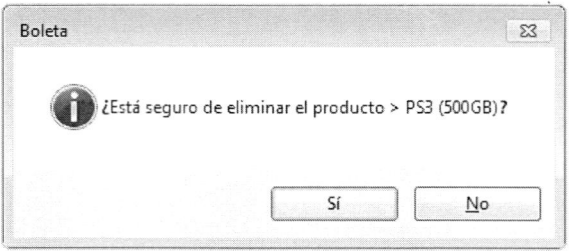

Veamos la solución:

1. Cree una solución llamada **Laboratorio07.**

2. Agregue un proyecto de tipo **Windows Form(.Net Framework)** para C# llamado **Control de ventas.**

3. Agregue un formulario al proyecto llamado **frmVenta.** El explorador de soluciones debe aparecer de la siguiente manera:

4. Diseñe la GUI del caso, tal como se muestra en la siguiente imagen:

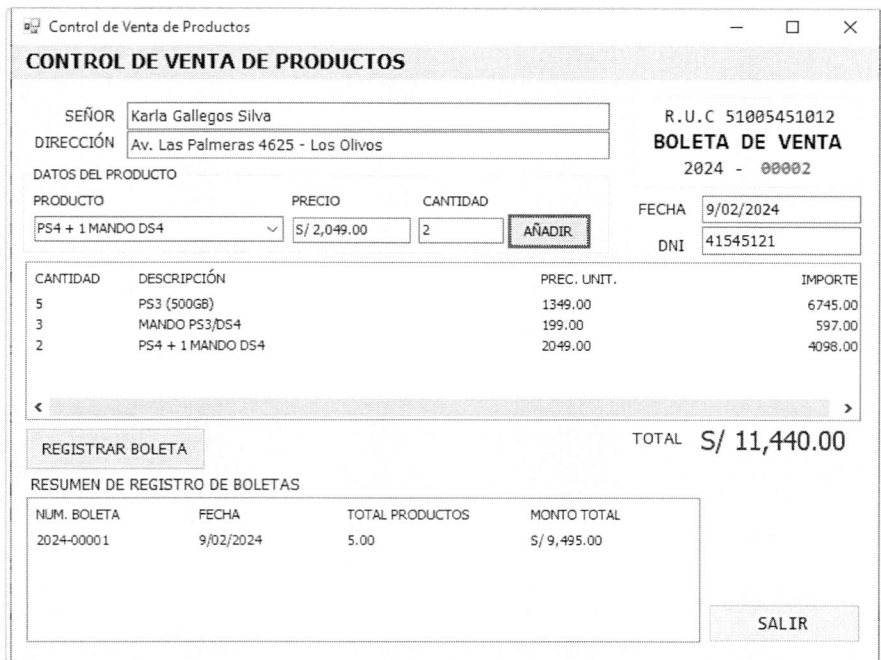

5. Modifique las propiedades de los controles.

CONTROL	PROPIEDAD	VALOR
Form1	(Name)	frmTique
	Text	Control de venta de productos
Label1	Text	CONTROL DE VENTA DE PRODUCTOS
Label2	Text	R.U.C. 510054511012
Label3	Text	TIQUE DE VENTA
Label4	text	2024
Label5	Text	SEÑOR
Label6	Text	DIRECCIÓN
Label7	Text	FECHA
Label8	Text	DNI
Label9	Text	PRODUCTO
Label10	Text	PRECIO
Label11	Text	CANTIDAD
Label12	Text	RESUMEN DE REGISTRO DE TIQUES
Label13	Text	TOTAL
Label14	(Name)	lblNúmero
	Text	lblNúmero
Label15	(Name)	lblTotal
	Text	lblTotal
Textbox1	(Name)	txtCliente
Textbox2	(Name)	txtDirección
Textbox3	(Name)	txtFecha
Textbox4	(Name)	txtDNI
Textbox5	(Name)	txtPrecio
Textbox6	(Name)	txtCantidad
ComboBox1	(Name)	cboProducto
Button1	(Name)	btnAñadir
	Text	AÑADIR
Button2	(Name)	btnRegistrar
	Text	REGISTRAR TIQUE
Button3	(Name)	btnSalir
	Text	SALIR
ListView1	(Name)	lvDetalle
	GridLines	True
ListView2	(Name)	lvEstadísticas
	GridLines	True

6. Agregue la clase **BOLETA** al proyecto e inserte el siguiente código:

```csharp
using System;
using System.Collections.Generic;
using System.Linq;
using System.Text;
using System.Threading.Tasks;

namespace Control_de_Boletas
{
    public class Boleta
    {
        //Definición de propiedades Get y Set
        public int número { get; set; }
        public string cliente { get; set; }
        public string dirección { get; set; }
        public DateTime fecha { get; set; }
        public string dni { get; set; }
        public string producto { get; set; }
        public int cantidad { get; set; }

        //Método para determinar el precio del producto
        public double determinaPrecio()
        {
            switch (producto)
            {
                case "PS4 + 1 MANDO DS4": return 2049;
                case "PS4 + 2 MANDO DS4": return 1899;
                case "PS3 (500GB)": return 1349;
                case "MANDO PS4/DS4": return 219;
                case "MANDO PS3/DS4": return 199;
            }
            return 0;
        }

        //Método para determinar el importe
        public double calculaImporte()
        {
            return cantidad * determinaPrecio();
        }
    }
}
```

7. Agregue el siguiente código de solución. Aquí se recomienda hacer doble clic en los botones **REGISTRAR** y **MOSTRAR ESTADÍSTICAS.**

```csharp
using System;
using System.Collections.Generic;
using System.ComponentModel;
using System.Data;
using System.Drawing;
using System.Linq;
using System.Text;
using System.Threading.Tasks;
using System.Windows.Forms;
```

```csharp
namespace Control_de_Ventas
{
    public partial class frmVenta : Form
    {
        //Variables GLOBALES
        static int n;
        ListViewItem item;

        //Objeto de la clase Tique
        Boleta objB = new Tique();

        public frmVenta()
        {
            InitializeComponent();
        }

        private void btnAñadir_Click(object sender, EventArgs e)
        {
            if (valida() == "")
            {
                //Capturar los datos
                capturaDatos();

                //Determinar los cálculos de la aplicación
                double precio = objB.determinaPrecio();
                double importe = objB.calculaImporte();

                //Imprimir el detalle de la venta
                imprimirDetalle(precio, importe);

                //Imprimir el total acumulado
                lblTotal.Text = determinaTotal().ToString("C");
            }
            else
                MessageBox.Show("El error se encuentra en " + valida());
        }

        private void btnRegistrar_Click(object sender, EventArgs e)
        {
            ListViewItem fila = new ListViewItem("2024-" +
                            (int.Parse(lblNúmero.Text).ToString("00000")));
            fila.SubItems.Add(txtFecha.Text);
            fila.SubItems.Add(totalCantidad().ToString("0.00"));
            fila.SubItems.Add(acumuladoImportes().ToString("C"));
            lvEstadísticas.Items.Add(fila);
            limpiarControles();
        }

        //Método que genera un número aleatorio usando lambda
        Func<string> generaNúmero = () =>
        {
            n++;
            return n.ToString("00000");
        };

        //Capturar los datos del formulario
        void capturaDatos()
        {
            objB.número = int.Parse(lblNúmero.Text);
```

```csharp
            objB.cliente = txtCliente.Text;
            objB.dirección = txtDirección.Text;
            objB.fecha = DateTime.Parse(txtFecha.Text);
            objB.dni = txtDni.Text;
            objB.producto = cboProducto.Text;
            objB.cantidad = int.Parse(txtCantidad.Text);
        }

        void imprimirDetalle(double precio, double importe)
        {
            ListViewItem fila = new ListViewItem(objB.cantidad.ToString());
            fila.SubItems.Add(objB.producto);
            fila.SubItems.Add(precio.ToString("0.00"));
            fila.SubItems.Add(importe.ToString("0.00"));
            lvDetalle.Items.Add(fila);
        }

        //Método que calcula el total acumulado de importes
        double determinaTotal()
        {
            double total = 0;
            for (int i = 0; i < lvDetalle.Items.Count; i++)
            {
                total += double.Parse(lvDetalle.Items[i].SubItems[3].Text);
            }
            return total;
        }

        //Total de productos por boleta
        int totalCantidad()
        {
            int total = 0;
            for (int i = 0; i < lvDetalle.Items.Count; i++)
            {
                total += int.Parse(lvDetalle.Items[i].SubItems[0].Text);
            }
            return total;
        }

        //Total acumulado de los importes por boleta
        double acumuladoImportes()
        {
            double acumulado = 0;
            for (int i = 0; i < lvDetalle.Items.Count; i++)
            {
                acumulado += double.Parse(lvDetalle.Items[i].SubItems[3].Text);
            }
            return acumulado;
        }

        //Validar el ingreso de datos
        string válida()
        {
            if (txtCliente.Text.Trim().Length == 0)
            {
                txtCliente.Focus();
                return "nombre del cliente";
            }
            else if (txtDirección.Text.Trim().Length == 0)
```

```
        {
            txtDirección.Focus();
            return "dirección del cliente";
        }
        else if (txtDni.Text.Trim().Length == 0)
        {
            txtDni.Focus();
            return "DNI del cliente";
        }

        else if (cboProducto.SelectedIndex == -1)
        {
            cboProducto.Focus();
            return "descripción del producto";
        }
        else if (txtCantidad.Text.Trim().Length == 0)
        {
            txtCantidad.Focus();
            return "cantidad comprada";
        }
        return "";
    }

    void limpiarControles()
    {
        lblNúmero.Text = generaNúmero();
        txtCliente.Clear();
        txtDirección.Clear();
        txtDni.Clear();
        cboProducto.Text = "(Seleccione)";
        txtPrecio.Clear();
        txtCantidad.Clear();
        lvDetalle.Items.Clear();
    }
    void llenaProductos()
    {
        cboProducto.Items.Add("PS4 + 1 MANDO DS4");
        cboProducto.Items.Add("PS4 + 2 MANDO DS4");
        cboProducto.Items.Add("PS3 (500GB)");
        cboProducto.Items.Add("MANDO PS4/DS4");
        cboProducto.Items.Add("MANDO PS3/DS4");
    }
  }
}
```

8. Accede al evento **LOAD** del formulario e inserte el siguiente código:

```
private void frmVenta_Load(object sender, EventArgs e)
{
    lblNúmero.Text = generaNúmero();
    txtFecha.Text = DateTime.Now.ToShortDateString();
    llenaProductos();
}
```

9. Acceda al evento **SelectedIndexChanged** del objeto **cboProducto** e inserte el siguiente código:

```
private void cboProducto_SelectedIndexChanged(object sender, EventArgs e)
{
    objB.producto = cboProducto.Text;
    txtPrecio.Text = objB.determinaPrecio().ToString("C");
}
```

10. Debe cambiar el proyecto de inicio. Haga clic derecho sobre el proyecto **Control de ventas** y seleccione **Establecer como proyecto de inicio.**

11. Antes de ejecutar la aplicación, indique qué formulario debe iniciar. Para eso tiene que entrar en en archivo **Program.cs,** que se encuentra en el explorador de proyectos.

```
using System;
using System.Collections.Generic;
using System.Linq;
using System.Threading.Tasks;
using System.Windows.Forms;

namespace Control_de_Ventas
{
    internal static class Program
    {
        /// <summary>
        /// Punto de entrada principal para la aplicación.
        /// </summary>
        [STAThread]
        static void Main()
        {
            Application.EnableVisualStyles();
            Application.SetCompatibleTextRenderingDefault(false);
            Application.Run(new frmVenta());
        }
    }
}
```

12. Finalmente, pulse **F5** para probar la aplicación.

Marcombo

Marcombo es una editorial especializada en libros técnicos y científicos que cuenta con más de 75 años de experiencia.

Los títulos de Marcombo están escritos por grandes especialistas y tratan materias sobre tecnología, empresa, instalaciones y otros temas relacionados con las ciencias e ingenierías. Asimismo, Marcombo publica libros sobre formación profesional, certificados de profesionalidad y universitarios; materias de siempre y actuales que avalan una rigurosa y dilatada trayectoria editorial.

Marcombo está a su disposición para ofrecerle las mejores obras técnicas, científicas y de formación de ayer, hoy y siempre. Los autores, nacionales e internacionales, comparten su amplia experiencia mostrando tutoriales de contenidos paso a paso, expertos consejos e ideas motivadoras que reforzarán sus conocimientos. Estos libros son una valiosa herramienta con la que potenciará notablemente sus habilidades y conocimientos técnicos.

Queremos agradecer su confianza en los libros de Marcombo. Por eso, queremos compartir con usted diversos regalos digitales de algunos de los temas de referencia. Puede acceder a ellos dentro del apartado Contenido gratuito en **www.marcombo.com**